JN430302

# G-TELP
# Business
# Speaking Test
# 공식수험서

**G-TELP 영어연구소** 저

**G-TELP KOREA** 출판사업본부

## G-TELP 영어연구소 소개

G-TELP 영어연구소는 국내외 영어 콘텐츠 전문 연구진들로 이루어진 조직으로서,
G-TELP 시험들을 전문적으로 분석 및 연구해오고 있습니다.
다년간 쌓아온 디지털 데이터베이스와 정확한 데이터를 분석하는 툴을 기반으로 G-TELP의 모든 시험을 대비할 수 있는 수험서,
일반 영어, 비즈니스 영어, 전문 영어 등 다양한 분야의 영어학습서를 기획, 집필, 편집, 출간하고 있습니다.

# 방향을 바로 잡Go
# 열심히 달리Go

대학졸업부터 취업, 승진까지
영어의 방향 지텔프

G-TELP is
the Right Direction for English

## Business Writing & Speaking

- 주재원 선발 시 혜택
- 직장인 인사 및 승진 평가
- 글로벌 비즈니스 어학 역량 평가 시험

## Writing & Speaking

- 취업 경쟁력 강화 스펙
- 대기업, 공사 입사지원 시 가산점 인정
- 직장인 인사 및 승진 평가

**STEP 05**
### G-TELP Business Writing Test
이메일 발송, 견적서, 발주서, 계산서 작성 등 해외와의 업무에 등에 필요한
비즈니스 실무 영어 작문 능력 평가

**STEP 04**
### G-TELP Business Speaking Test
전화응대, 상담, 바이어 미팅, 그래프 분석 등의 업무와 문제 해결 등에 필요한
비즈니스 실무 영어 회화 능력 평가

**STEP 03**
### G-TELP Writing Test
외국어번역행정사 2차 시험 : 영어 시험 면제
전국 144개 기업 채용시험 반영 중

**STEP 02**
### G-TELP Speaking Test
전국 144개 기업 채용시험 반영 중

**STEP 01**
### G-TELP Level Test
- 대학졸업평가
- 취업 기본 스펙
- 공무원 시험 가산점
- 국가고시 공인영어시험

# LINE-UP for G-TELP

| | 기본서<br>(기초 탄탄 유형+문제) | 실전 문제풀이<br>(모의고사, 기출문제집) | Vocabulary | Speaking & Writing | Speaking & Writing |
|---|---|---|---|---|---|
| **75점+**<br>(실전) | <br>꼼꼼하게 대비하는<br>지텔프 2급 | <br>실전 모의고사(5회) | | <br>지텔프 비즈니스<br>스피킹&라이팅 | 1<br>2 |
| **65점+**<br>(정규) | <br>Final 실전 G-TELP 2급 | <br>퀵지텔프 공식문제집 | <br>지텔프보카 | <br>지텔프 스피킹&라이팅 | 3 |
| **48점+**<br>(기본) | <br>지텔프 2급 뽀개기 | | <br>일주일 완성<br>퀵 지텔프 보카 | <br>지텔프 스피킹<br>전략적 학습 교재 | 4<br>5 |
| **32점+**<br>(입문) | <br>파트별로<br>공략하는<br>G-TELP 2급   지텔프<br>퀵 스타터<br>(문법·보카) | | | | 6<br>7<br>8 |
| **Master** | <br>파트별로 공략하는<br>G-TELP 3급 | | | | 9<br>10<br>11 |

LEVEL 2

LEVEL 3

Speaking & Writing

# G-TELP
# Business
## Speaking Test
## 공식수험서

| | |
|---|---|
| 저　자 | G-TELP 영어연구소 |
| 발 행 인 | 김현중 |
| 발 행 일 | 2020년 08월 28일(초판) |
| 출 판 사 | G-TELP KOREA 출판사업본부 |
| I S B N | 978-89-91164-47-5 |
| 정　가 | 18,000원 |
| 전　화 | 1588-0589 |
| 팩　스 | 02-454-2137 |

# G-TELP
# 영어연구소 소개

G-TELP 영어연구소는 국내외 영어 콘텐츠 전문 연구진들로 이루어진 조직으로서, G-TELP 시험들을 전문적으로 분석 및 연구해오고 있습니다. 다년간 쌓아온 디지털 데이터베이스와 정확한 데이터를 분석하는 툴을 기반으로 G-TELP의 모든 시험을 대비할 수 있는 수험서, 일반 영어, 비즈니스 영어, 전문 영어 등 다양한 분야의 영어학습서를 기획, 집필, 편집, 출간하고 있습니다.

# Contents
목차

# 머리말

지금 대한민국은 전세계에 200여 국과 무역을 하는 무역 대국이며, 대기업들은 해외생산기지를 두고 현지에서 생산하고 판매하고 유통을 시키는 초국적 기업 시대라고 볼 수 있습니다. 따라서 외국 회사와 거래 하는 것이 일상화 되고, 영미권 국가 뿐만 아니라 비영미권 국가와 거래 할 때에도 영어를 사용하는 경우가 많습니다. 즉, 전화응대, 상담, 바이어 미팅, 그래프 분석, 문제 상황 해결 등과 같은 해외 비즈니스 업무는 쌍방 대화를 통해 이루어지며, 보다 설득력 있고 오해 없는 신속한 업무 진행을 위해 유선 또는 면대면 의사 소통의 중요성은 점점 더 커지고 있습니다.

GBST(G-TELP Business Speaking Test)는 고객 답변을 듣고 적절한 질문 추측, 그래프 분석, 회사에서 받은 전화 메시지 전달, 업무와 관련된 질문에 대한 답변, 업무와 관련된 상황 역할극, 비즈니스 용어 정의 및 응용, 목적지로 가는 길 안내, 두 의견 차에 대한 의견 제시, 문제에 대한 해결책 제시 등 실제 비즈니스 현장에서 일어날 수 있는 상황 및 내용들로 구성 되었으며, 실무 비즈니스 영어 말하기 능력 평가에 최적화된 시험으로 개발 되었습니다.

이 책은 수험자들이 GBST시험을 효과적으로 준비할 수 있도록 파트별 분석부터 답변 구성 전략까지 세부적으로 수록했습니다. 비즈니스 콘텐츠로 특화된 시험인 만큼 꼼꼼한 시험 준비만으로도 비즈니스 영어실력 향상을 기대할 수 있을 것 입니다.

영어 말하기 공인 점수 취득과 더불어 글로벌 비즈니스 어학 역량 향상으로 세계속의 인재로 거듭나길 희망합니다.

**G-TELP 영어연구소**

# 교재 구성 및 특징

"시험 분석부터 답변 구성 전략까지"

비즈니스 말하기 시험 대비를 효과적으로

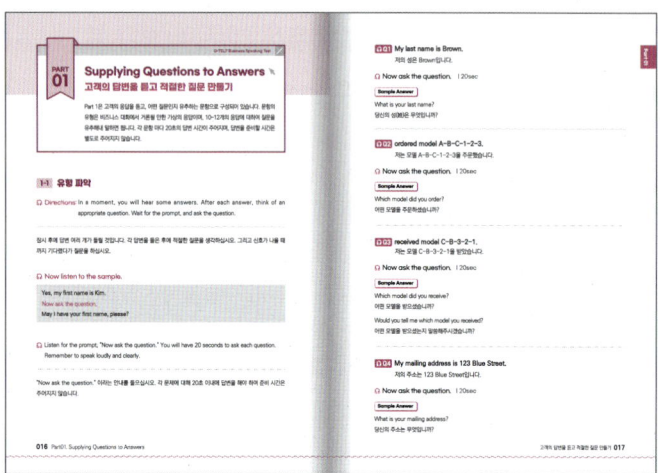

## 알고 시작하자!
## Part별 샘플 문제 및
## 답변 제시

➡ 시험 유형 파악 용이

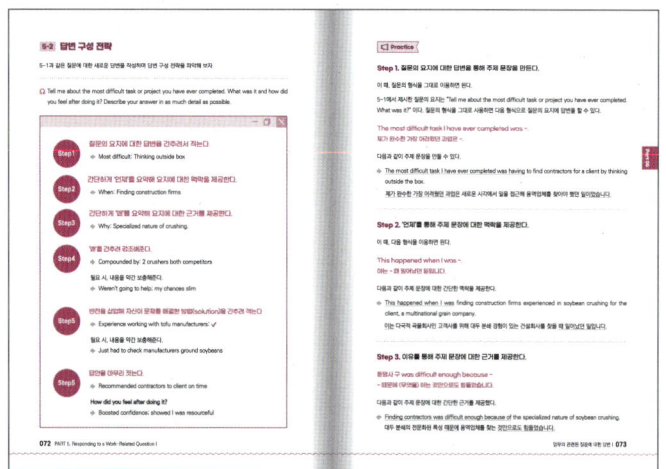

## Step별 답변 구성 전략
## 제시 및 전략 적용으로
## 샘플 답변 작성

➡ 순차적, 논리적 답변
구성법 학습

# G-TELP

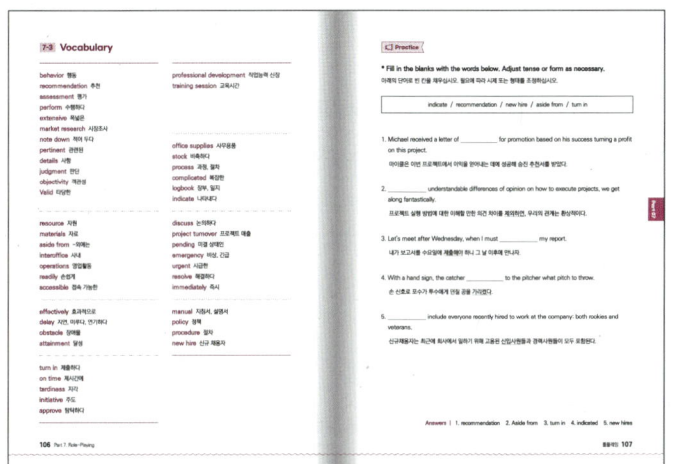

- 해당 파트 답변 구성에
  자주 쓰이는 단어  선별

- 연습 문제를 통해 유용한
  표현 및 문장도 학습

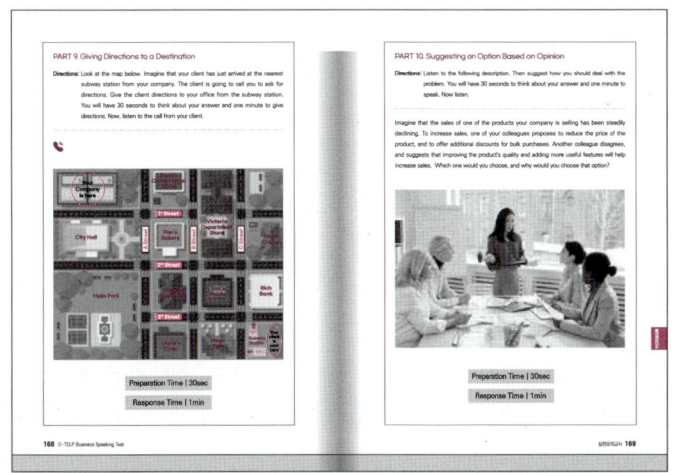

지텔프 공식 주관사 제공
실전 모의고사 1회

# 시험개요

## 출제기관 소개

㈜한국지텔프는 신뢰성, 타당성, 실용성을 갖춘 종합적인 영어평가라는 모토 아래 ITSC's G-TELP Services의 글로벌 파트너로서 1985년부터 G-TELP 시험을 주관하는 어학평가, 교육, 출판 전문 기업입니다. ㈜한국지텔프는 업무 협약을 통해 한국 내 G-TELP 시험의 시행, 마케팅, 홍보, 출판, 교육에 대한 운영을 담당하고 있습니다.

㈜한국지텔프는 지난 30여 년 동안 영어학습자의 영어능력을 보다 정확하고 세밀하게 분석할 수 있는 평가도구 개발에 끊임없이 노력해 왔습니다. 2006년부터 2019년 1월까지 12년 동안 국가자격시험인 항공영어구술증명시험(EPTA)을 시행하였으며, 평가영역별, 레벨별, 목적별, 연령별 등으로 구분된 아래의 다양한 시험을 정기적으로 시행하고 있습니다.

– 문법과 듣기, 읽기 능력을 평가하는 5단계의 G-TELP Level Test
– 실생활과 관련된 영어 말하기/작문 능력을 평가하는 G-TELP Speaking Test, G-TELP Writing Test
– 비즈니스 말하기/쓰기 수행능력 평가인 G-TELP Business Speaking Test, G-TELP Business Writing Test
– 영어 초급자 및 초등학생과 중학생의 영어 능력을 평가하는 G-TELP Junior

주니어부터 성인까지 영어를 종합적으로 평가할 수 있는 완성된 평가 교육 시스템을 갖추고, 전문 분야별 영어 활용 능력 평가 도구 개발에 쏟아온 투자와 열정이 신뢰성과 타당성, 실용성을 갖춘 종합적인 평가 시스템 구축을 위한 밑거름이 되었으리라 믿으며, 단순히 우열을 가르는 평가가 아닌 학습자에게 개인의 능력을 분석 진단하여 학습 동기를 제공하고, 학습 과정 으로써의 진정한 평가가 될 수 있도록 최선의 노력을 다할 것입니다.

## GBST 소개

G-TELP는 1985년 ITSC 주관으로 개발완료 검증된 이래 세계 여러 나라 정부 기관과 기업에서 영어 활용능력 평가도구로 활용되고 있는 국제 공인 시험입니다. 이 중 비즈니스 영어시험인 G-TELP Business Test는 GBST(G-TELP Business Speaking)과 GBWT(G-TELP Business Writing로 구성되어 있습니다.
GBST(G-TELP Business Speaking Test)는 비즈니스에 필요한 영어 말하기 능력을 평가하며, 실생활 문제 위주의 일반 영어 테스트와는 달리 실제 비즈니스 상황과 동일한 문제로 구성되어 있어 비즈니스 영어 말하기 평가에 최적화되어 있습니다. 즉, 전화응대, 상담, 바이어 미팅, 그래프 분석 등의 업무와 문제해결 등에 필요한 비즈니스 실무 영어 말하기 능력을 평가합니다.

**시험방식 :** IBT, CBT 중 시행계획에 따라 선택

**시험시간 :** 약 40분 (오리엔테이션 포함)

**채점기간 :** 약 10일

**평가등급 :** Level 1(Authentic) ~ Level 11(No Mastery)

**평가기준**

| Content | 내용 | 질문이 요구하는 의도에 맞는 답을 하는지, 적절한 연결어를 사용하여 이야기의 흐름을 잘 이어가는 지에 대한 표현력을 평가합니다. 만일 시간이 부족해 과제를 완수하지 못하면 이 영역의 점수가 감점됩니다. |
|---|---|---|
| Grammar | 문법 | 품사나, 시제, 어순의 배열, 완전한 문장의 사용여부 등 문법적으로 정확한 문장을 만들어내는지를 평가합니다. |
| Vocabulary | 어휘 | 과제와 관련된 의미가 뚜렷하고 구체적인 단어를 문맥과 상황에 맞게 사용이 가능한지를 평가합니다. |
| Pronunciation | 발음 | 강세, 억양, 리듬 등을 평가합니다. |
| Fluency | 유창도 | 말하는 속도와 답변의 흐름을 평가합니다. 답변 중간중간에 "음…", "아…" 와 같은 소리가 자주 나오면 유창도를 떨어뜨려 듣는 이의 이해를 어렵게 하거나 방해하므로 감점 대상이 됩니다. |

**채점 방법**

– 수험자의 녹음된 테이프는 국제 테스트 연구원의 전문 채점 위원 2인에 의해 교차 채점 과정을 거치게 됩니다.

– 두 명의 채점자 간 점수차이가 현격 하여 Level에 변동이 생길 경우 재평가되거나 규정에 따라 점수가 처리됩니다. 그리고 교차 채점이 완료된 이후에 전체 표본 중 일부를 무작위 추출하여 평가하게 됩니다.

| 수험자 녹음테이프 | 제 1 Rater 채점 / 제 2 Rater 채점 (2인 교차채점) | 합격한 점수 차이가 날 경우, 규정 절차에 따른 재평가 처리 | 전체 표본 중 무작위 추출 검사 수험자 평점 결과 보고 |
|---|---|---|---|

**전체문항:** 11개 파트 약 30여개 질문

| | 시험 구성 | 문항 수 | 준비시간 (초) | 답변시간 (초) |
|---|---|---|---|---|
| Task 1 | Supplying Questions to Answers<br>고객 답변을 듣고 적절한 질문 만들기 | 10~12 | not provided | 각 20 |
| Task 2 | Analyzing a Graph<br>그래프 분석하기 | 1 | 30 | 60 |
| Task 3 | Responding to a Simple Question<br>간단한 질문에 답하기 | 1 | 30 | 60 |
| Task 4 | Relaying Telephone Messages<br>전화 메시지 전달 | 1 | 30 | 60 |
| Task 5 | Responding to a Work-Related Question I<br>업무와 관련된 질문에 대한 답변 I | 1 | 30 | 60 |
| Task 6 | Responding to a Work-Related Question II<br>업무와 관련된 질문에 대한 답변 I | 1 | 30 | 60 |
| Task 7 | Role-Playing<br>롤플레잉 | 7~10 | not provided | 각 25 |
| Task 8 | Defining and Using a Business Term in a Sentence<br>비즈니스 용어 정의 및 사용 | 1 | 30 | 90 |
| Task 9 | Giving Directions to a Destination<br>목적지로 가는 길 안내 | 1 | 30 | 60 |
| Task 10 | Suggesting an Option Based on Opinion<br>두 의견 차에 대한 의견 제시 | 1 | 30 | 60 |
| Task 11 | Proposing a Solution to a Problem<br>문제에 대한 해결책 제시 | 1 | 30 | 60 |

# 점수별 능력평가표

| Proficiency Level | | Level Description |
|---|---|---|
| Level 1 | Authentic | 영어를 모국어로 사용하는 사람과 같은 수준의 능통한 영어를 구사할 수 있는 수준입니다. 매우 유창하고 논리적으로 의사를 전달할 수 있으며 영어를 모국어로 사용하는 사람과 같은 발음 및 악센트를 갖추고 있습니다. |
| Level 2 | High-Advanced | 상급 수준의 영어를 구사할 수 있는 수준입니다. 분석한 정보에 대한 의견을 제시하여 상대방을 설득하거나 가상의 위기 상황에 대한 해결책 제시 등과 관련된 과제를 어려움 없이 수행할 수 있습니다. 잘못된 발음이 가끔 보이지만 전체적으로 표현이 부드럽고 자연스럽습니다. 풍부한 어휘를 구사하며, 문법 구조를 잘 조절하여 말할 수 있습니다. |
| Level 3 | Advanced | 가끔 즉흥적이긴 하나 거의 모든 상황에서 자신의 의견을 대체로 잘 전달할 수 있는 수준입니다. 문장을 잘못 시작하여 고쳐 말하기 등으로 말의 흐름이 중단되기도 하며 발음 및 악센트 실수, 또 모국어의 억양 및 리듬으로 인해 가끔 대화에 방해가 되기도 합니다. |
| Level 4 | High-Intermediate | 대부분의 상황에서 자신의 의견을 전달할 수 있는 수준입니다. 그러나 강한 악센트와 빈번한 문법적 실수들이 나타납니다. 종종 억양의 실수로 의미 전달에 어려움이 있습니다. 말을 할 때도 가끔씩 필요하지 않은 말을 하거나 중단하기도 합니다. |
| Level 5 | Intermediate | 일반적인 상황에서는 대체적으로 자신의 의견을 전달할 수 있으나, 익숙하지 않은 상황에서는 가끔씩 어려움을 가질 수 있는 수준입니다. 강한 악센트와 빈번한 문법적 실수들이 나타납니다. 또한 확연하게 드러나는 강세의 실수로 때때로 의미 전달에 어려움이 보인다. |
| Level 6 | Low-Intermediate | 일상적인 상황에서 대개는 자신의 의사를 잘 전달할 수 있으나, 때때로 익숙하지 않은 상황에 대처할 때는 효과적으로 응답을 하기 어려운 수준이다. 어휘의 선택 역시 대체로 적절하지 않고 의미를 전달하기 위하여 의역하는 데에도 어려움이 있다. 강세의 차이는 확실하게 나타나서 의미를 전달하는데 자주 어려움을 겪습니다. |
| Level 7 | High-Basic | 일상적인 상황임에도 불구하고 자신의 의견을 전달하는데 어려움이 겪으며 가끔 익숙하지 않은 상황에서도 대답하는 것이 어려운 수준이다. 대답하기 전 생각하는 시간이 많아 대답이 지연되고, 대답도 충분하지 않다. 문법과 어휘의 선택 역시 종종 적절하지 않습니다. |
| Level 8 | Basic | 일반적인 상황임에도 불구하고 자신의 의견을 전달하는데 어려움을 겪으며 자주 익숙하지 않은 상황에서 대답하는 것도 어려운 수준이다. 자주 사용되는 문법 구조와 문장 형식에 실수를 범하여 이해 전달이 거의 되지 않습니다. |
| Level 9 | Low-Basic | 일반적인 상황임에도 불구하고 자신의 의견을 전달하는데 어려움을 겪으며 익숙하지 않은 상황에서 역시 대답하는 것이 어려운 수준이다. 대답은 항상 늦고, 정보가 부족하다. 항상 틀리는 문법과 어휘로 이해 전달이 거의 불가능 합니다. |
| Level 10 | Beginner-Basic | 익숙한 일상적인 상황에서 조차 자신의 생각을 전달하는 것에 어려움을 겪는 수준이다. 대답은 항상 지연되며, 대답을 했더라도 거의 내용을 이해하기 힘들다. 문법, 어휘, 문장, 강세 등 모두가 항상 실수를 범하여 의미 전달이 불가능합니다. |
| Level 11 | No mastery | 의미 있는 대화를 할 수 없으며, 몇 개의 단어를 암기하여 말하는 수준입니다. |

# 성적표 샘플

성적표에는 시험점수, 파트별 과제 수행 완성 정도, 수험자가 도달한 수준에서 기대되는 평가 영역별 말하기 능력에 대한 자세한 설명이 제공됩니다.

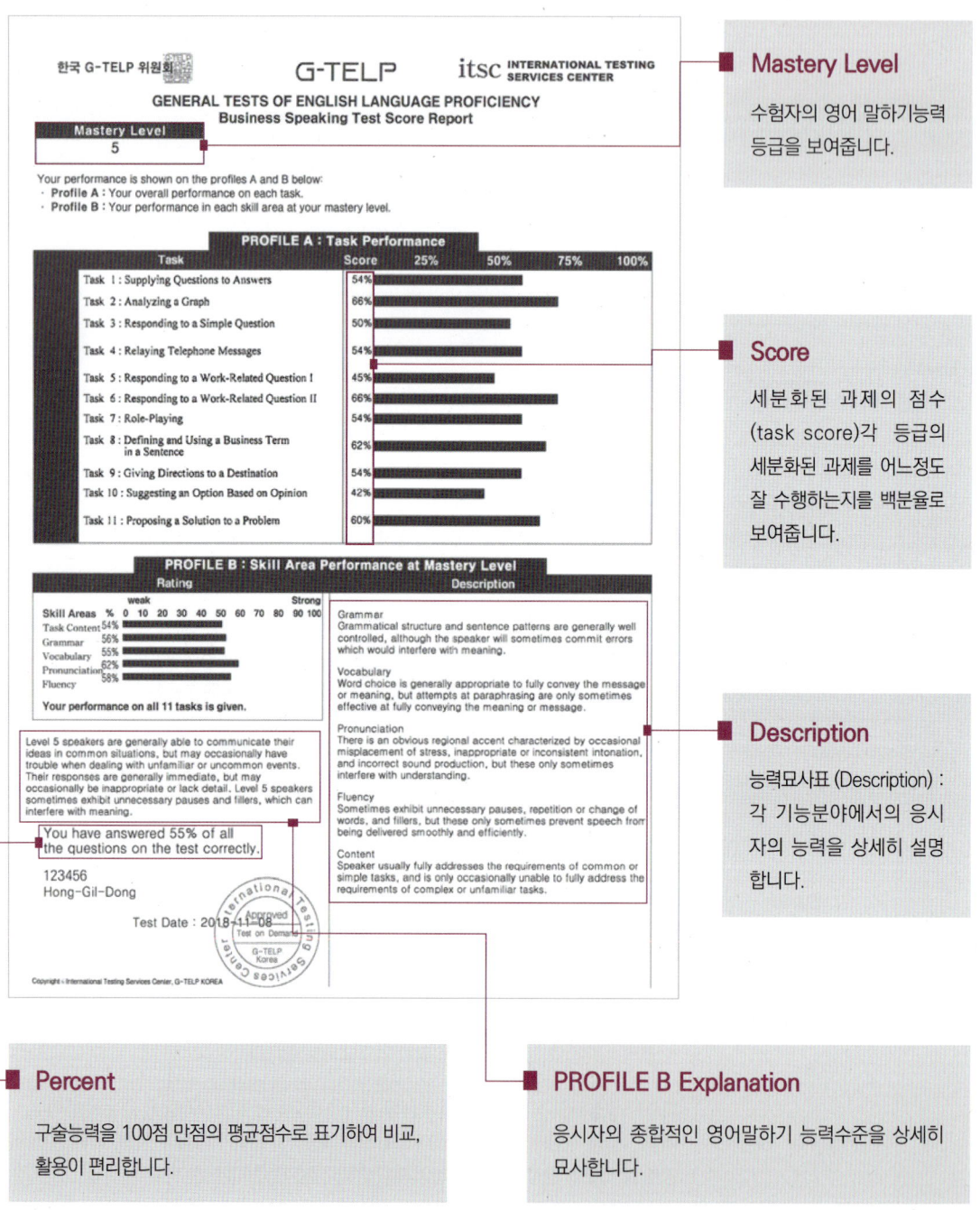

## Mastery Level

수험자의 영어 말하기능력 등급을 보여줍니다.

## Score

세분화된 과제의 점수 (task score)각 등급의 세분화된 과제를 어느정도 잘 수행하는지를 백분율로 보여줍니다.

## Description

능력묘사표 (Description) : 각 기능분야에서의 응시자의 능력을 상세히 설명합니다.

## Percent

구술능력을 100점 만점의 평균점수로 표기하여 비교, 활용이 편리합니다.

## PROFILE B Explanation

응시자의 종합적인 영어말하기 능력수준을 상세히 묘사합니다.

# 학습플랜

## 2주 학습 플랜

| | 1일 | 2일 | 3일 | 4일 | 5일 | 6일 |
|---|---|---|---|---|---|---|
| 1주 | Part 1. Supplying Questions to Answers | Part 2. Analyzing a Graph | Part 3. Responding to a Simple Question | Part 4. Relaying Telephone Messages | Part 5. Responding to a Work-Related Question I | Part 6. Responding to a Work-Related Question II |
| | 7일 | 8일 | 9일 | 10일 | 11일 | 12일 |
| 2주 | Part 7. Role-Playing | Part 8. Defining and Using a Business Term in a Sentence | Part 9. Giving Directions to a Destination | Part 10. Suggesting an Option Based on Opinion | Part 11. Proposing a Solution to a Problem | 실전 모의고사 |

## 4주 학습 플랜

| | 1일 | 2일 | 3일 | 4일 | 5일 | 6일 |
|---|---|---|---|---|---|---|
| 1주 | Part 1. Supplying Questions to Answers | | Part 2. Analyzing a Graph | | Part 3. Responding to a Simple Question | |
| | 7일 | 8일 | 9일 | 10일 | 11일 | 12일 |
| 2주 | Part 4. Relaying Telephone Messages | | Part 5. Responding to a Work-Related Question I | | Part 6. Responding to a Work-Related Question II | |
| | 13일 | 14일 | 15일 | 16일 | 17일 | 18일 |
| 3주 | Part 7. Role-Playing | | Part 8. Defining and Using a Business Term in a Sentence | | Part 9. Giving Directions to a Destination | |
| | 19일 | 20일 | 21일 | 22일 | 23일 | 24일 |
| 4주 | Part 10. Suggesting an Option Based on Opinion | | Part 11. Proposing a Solution to a Problem | | 실전 모의고사 | |

# PART
# 01

# Supplying Questions
# to Answers

## 고객의 답변을 듣고 적절한 질문 만들기

 PART 01  PART 02  PART 03  PART 04  PART 05  PART 06

PART 07  PART 08  PART 09  PART 10  PART 11  실전
모의고사

# PART 01

# Supplying Questions to Answers
## 고객의 답변을 듣고 적절한 질문 만들기

Part 1은 고객의 응답을 듣고, 어떤 질문인지 유추하는 문항으로 구성되어 있습니다. 문항의 유형은 비즈니스 대화에서 거론될 만한 가상의 응답이며, 10~12개의 응답에 대하여 질문을 유추해내 말하면 됩니다. 각 문항 마다 20초의 답변 시간이 주어지며, 답변을 준비할 시간은 별도로 주어지지 않습니다.

## 1-1 유형 파악

🎧 **Directions:** In a moment, you will hear some answers. After each answer, think of an appropriate question. Wait for the prompt, and ask the question. Now listen to the sample.

잠시 후에 답변 여러 개가 들릴 것입니다. 각 답변을 들은 후에 적절한 질문을 생각하십시오. 그리고 신호가 나올 때까지 기다렸다가 질문을 하십시오. 이제 샘플을 들어보십시오.

> Yes, my first name is Kim.
> Now ask the question.
> May I have your first name, please?

🎧 Listen for the prompt, "Now ask the question." You will have 20 seconds to ask each question. Remember to speak loudly and clearly.

"Now ask the question." 이라는 안내를 들으십시오. 각 문제에 대해 20초 이내에 답변을 해야 하며 준비 시간은 주어지지 않습니다.

**🎧 Q1** My last name is Brown.

저의 성은 Brown입니다.

🎧 Now ask the question.   | 20sec

**Sample Answer**

What is your last name?
당신의 성(姓)은 무엇입니까?

. . . . . . . . . . . . . . . . . . . . . . . . . . . . . . . . . . . . . . . . . . . . . . . . . . . . . . . . . . . . . . . . . . . . . . . . . . . . . . . . . . . .

**🎧 Q2** I ordered model A-B-C-1-2-3.

저는 모델 A-B-C-1-2-3을 주문했습니다.

🎧 Now ask the question.   | 20sec

**Sample Answer**

Which model did you order?
어떤 모델을 주문하셨습니까?

. . . . . . . . . . . . . . . . . . . . . . . . . . . . . . . . . . . . . . . . . . . . . . . . . . . . . . . . . . . . . . . . . . . . . . . . . . . . . . . . . . . .

**🎧 Q3** I received model C-B-3-2-1.

저는 모델 C-B-3-2-1을 받았습니다.

🎧 Now ask the question.   | 20sec

**Sample Answer**

Which model did you receive?
어떤 모델을 받으셨습니까?

Would you tell me which model you received?
어떤 모델을 받으셨는지 말씀해주시겠습니까?

. . . . . . . . . . . . . . . . . . . . . . . . . . . . . . . . . . . . . . . . . . . . . . . . . . . . . . . . . . . . . . . . . . . . . . . . . . . . . . . . . . . .

**🎧 Q4** My mailing address is 123 Blue Street.

저의 주소는 123 Blue Street입니다.

🎧 Now ask the question.   | 20sec

**Sample Answer**

What is your mailing address?
당신의 주소는 무엇입니까?

**🎧 Q5 The city is Springfield.**

스프링필드에 있습니다.

🎧 **Now ask the question.** | 20sec

Sample Answer

What city is that in?
(그 주소지는) 어떤 도시에 있습니까

....................................................................................................................................

**🎧 Q6 It's in Massachusetts.**

매사추세츠에 있습니다.

🎧 **Now ask the question.** | 20sec

Sample Answer

What state is that in?
(그 도시는) 어느 주에 있습니까?

....................................................................................................................................

**🎧 Q7 My zip code is 01111.**

우편번호는 01111입니다.

🎧 **Now ask the question.** | 20sec

Sample Answer

What is your zip code?
우편번호가 어떻게 되나요?

....................................................................................................................................

**🎧 Q8 My email address is "johnbrown123@jeemail.com."**

저의 이메일 주소는 "johnbrown123@jeemail.com"입니다.

🎧 **Now ask the question.** | 20sec

Sample Answer

What is your email address?
이메일 주소가 어떻게 되나요?

**🎧 Q9** Yes, I do. My fax number is 413-123-4568.

네, 있습니다. 저의 팩스 번호는 413-123-4568입니다.

🎧 **Now ask the question.** ⎮ 20sec

Sample Answer

Do you have a fax number?

팩스 번호도 있나요?

---

**🎧 Q10** Sure, I would like your business card.

네, 명함 하나만 주십시오.

🎧 **Now ask the question.** ⎮ 20sec

Sample Answer

Would you like my business card?

명함 하나 드릴까요?

---

**🎧 Q11** No, I think I'm fine.

아니요, 괜찮습니다.

🎧 **Now ask the question.** ⎮ 20sec

Sample Answer

May I help you with anything else?

달리 도움 필요하신 것 있으세요?

---

**🎧 Q12** Sure, I will send you confirmation when I receive the shipment.

네, 배송 받으면 확인 연락 드리겠습니다.

🎧 **Now ask the question.** ⎮ 20sec

Sample Answer

Would you send me confirmation when you receive the shipment?

배송 받으시면 확인 연락 주시겠습니까?

## 1-2 답변 구성 전략

Part 1은 내용적/형식적으로 어느 정도 정형화 되어있으며, 답안도 이에 적합한 유형이 요구됩니다. 비즈니스 대화에서 거론될 만한 응답을 들었을 때, 20초 이내에 응답에 대한 단답형 질의를 제공할 수 있도록 다음 질문 형식들을 숙지하도록 합니다.

**Step1**

### 우선 문제(응답)의 고유명사와 be 동사를 버린다.

My full name is John Brown. ➡ my full name
His full name is John Brown. ➡ his full name

**Step2**

### 그 다음 질문에 알맞는 소유격을 설정한다.

my full name ➡ **your** full name
his full name ➡ **his** full name

**Step3**

### Step 2번에서 만든 구절을 아래의 빈 칸에 적용한다.

– What is _____?
– Would you tell me _____?
– May I have _____?

What is your full name?
What is his full name?

Would you tell me your full name?
Would you tell me his full name?

May I have your full name?
May I have his full name?

## Yes, I do. My fax number is 413-123-4568.

문장의 가장 앞에 Yes, I do를 통해, yes/no의 답을 요구하는 Do you ~? 형식의 질문에 대한 응답인 것을 알 수 있다. 게다가 문장에서 팩스번호(fax number)를 알려준 것으로 미루어볼 때, fax number를 물어보는 것임을 추측할 수 있다.

➡ Do you have a fax number?

## No, I think I'm fine.

'혹시 제가 달리 도와드릴 게 있나요?' 또는 '달리 도움이 필요하신 게 있으세요?'와 같은 질문에 대한 응답으로 추측할 수 있다.

➡ May I help you with anything else?

## It is in Massachusetts. / It is in Springfield.

위의 두 문장과 같은 경우, 직접적으로 언급되지 않은 각 문장의 위치적 특성을 포함한 질문을 해야한다. 예를 들면, 첫 문장 "It is in Massachusetts."에서 Massachusetts는 미국의 주(state)이기 때문에 질문에 state가 들어가야 한다.

➡ What state is that in?
➡ Would you tell me the state that is in?
➡ May I have the state that is in?

두 번째 문장의 "Springfield"는 매사추세츠주에 있는 도시(city)이기 때문에 질문에 city가 들어가야 한다.

➡ What city is that in?
➡ Would you tell me the city that is in?
➡ May I have the city that is in?

위의 원리를 응용하면 국가(country, nation)에도 적용이 가능하다.

## It is in South Korea.

➡ What country is that in?
➡ Would you tell me the nation that is in?
➡ May I have the country that is in?

**Practice**

| 빈출<br>유형 | 🎧 **My first and middle names are John Charles.**<br>저의 (성이 아닌)이름과 가운데 이름은 존 찰스입니다. |
|---|---|
| 모범<br>답안 | What are your first and middle names?<br>Would you tell me your first and middle names?<br>May I have your first and middle names?<br>당신의 (성이 아닌)이름과 가운데 이름은 무엇입니까? |

| 빈출<br>유형 | 🎧 **My first name is John.**<br>저의 이름은 존입니다. |
|---|---|
| 모범<br>답안 | What is your first name?<br>Would you tell me your first name?<br>May I have your first name?<br>당신의 이름은 무엇입니까? |

| 빈출<br>유형 | 🎧 **My last name is Brown. = My surname\* is Brown.**<br>저의 성은 브라운입니다.<br>*Last name의 흔히 들을 수 있는 유의어는 surname이다.* |
|---|---|
| 모범<br>답안 | What is your last name?<br>Would you tell me your last name?<br>May I have your surname?<br>당신의 성은 무엇입니까? |

| 빈출<br>유형 | 🎧 **My phone number is 123-4567.**<br>저의 전화번호는 123-4567입니다. |
|---|---|
| 모범<br>답안 | What is your phone number?<br>Would you tell me your phone number?<br>May I have your phone number?<br>당신의 전화번호는 무엇입니까? |

| 빈출<br>유형 | 🎧 **My fax number is 123-4568.**<br>저의 팩스 번호는 123-4568입니다. |
|---|---|
| 모범<br>답안 | What is your fax number?<br>Would you tell me your fax number?<br>May I have your fax number?<br>당신의 팩스 번호는 무엇입니까? |

| 빈출<br>유형 | 🎧 **My email address is johnbrown123@jeemail.com.**<br>저의 이메일 주소는 johnbrown123@jeemail.com입니다. |
|---|---|
| 모범<br>답안 | What is your email address?<br>Would you tell me your email address?<br>May I have your email address?<br>당신의 이메일 주소는 무엇입니까? |

| 빈출<br>유형 | 🎧 My mailing address is 123 Blue Street.<br>저의 우편 주소는 123 Blue Street입니다. |
|---|---|
| 모범<br>답안 | What is your mailing address?<br>Would you tell me your mailing address?<br>May I have your mailing address?<br>당신의 우편 주소는 무엇입니까? |

| 빈출<br>유형 | 🎧 My zip code is 01111.<br>저의 우편번호는 01111입니다. |
|---|---|
| 모범<br>답안 | What is your zip code?<br>Would you tell me your zip code?<br>May I have your zip code?<br>본인의 우편번호는 무엇입니까? |

| 빈출<br>유형 | It is in Massachusetts.<br>매사추세츠에 있습니다. |
|---|---|
| 모범<br>답안 | What state is that in?<br>Would you tell me the state that is in?<br>May I have the state that is in?<br>(그 도시는) 어느 주에 있습니까? |

| 빈출<br>유형 | 🎧 It is in Springfield.<br>스프링필드에 있습니다. |
|---|---|
| 모범<br>답안 | What city is that in?<br>Would you tell me the city that is in?<br>May I have the city that is in?<br>(그 주소지는) 어떤 도시에 있습니까? |

| 빈출<br>유형 | 🎧 I graduated from UMass Amherst in 2016.<br>저는 2016년에 UMass Amherst에서 졸업했습니다. |
|---|---|
| 모범<br>답안 | Which university did you graduate from?<br>Would you tell me the university you graduated from?<br>May I have the university you graduated from?<br>당신은 어느 대학교를 졸업했습니까? |

| 빈출<br>유형 | 🎧 I majored in Economics.<br>저는 경제학을 전공했습니다. |
|---|---|
| 모범<br>답안 | What did you major in?<br>Would you tell me what you majored in?<br>May I have what you majored in?<br>당신은 무엇을 전공했습니까? |

## 1-3 Vocabulary

full name (생략하지 않은) 성명
last name 성(姓)
surname 성(姓)
first name (성이 아닌) 이름
middle name (성과 이름 사이에 쓰는) 가운데 이름

phone number 전화번호
fax number 팩스번호
email address 이메일 주소
mailing address 우편 주소
zip code 우편번호
city 도시
state 주
province 도
country 나라, 국가
nation 나라, 국가

university 대학교
major 전공
degree 학위
diploma 졸업장

job 직업
employer 고용주
employee 직원
position 보직

model (number) 모델 (번호)
shipment 배송(물)
receive 받다

### 🔊 Practice

**Match the answers on the left column to the questions on the right column.**

왼쪽 열의 답을 오른쪽 열의 질문과 짝을 맞추십시오.

1. It is in Spain. •

2. I graduated from Cornell University in 2014. •

3. It is 345-1278. •

4. Yes, please. May I have a glass of water? •

5. It is 12345. •

• a. May I have your zip code?

• b. May I have your phone number?

• c. What country is that in?

• d. Would you tell me the university you graduated from?

• e. May I help you with anything else?

**Answers |** 1. c   2. d   3. b   4. e   5. a

# PART
# 02

# Analyzing a Graph

## 그래프 분석하기

**PART 02**

# Analyzing a Graph
## 그래프 분석하기

Part 2에서는 비즈니스 트렌드를 나타내는 도표 하나가 주어지며, 이를 분석하여 설명해야 합니다. 30초의 준비시간이 주어지며, 1분의 답변 시간이 주어집니다.

## 2-1  유형 파악

🎧 **Directions:** Look at the graph below. In a moment, you will describe the graph in detail. You will have 30 seconds to think about your description. Then you will have one minute to speak.

아래의 그래프를 보십시오. 잠시 후 이 그래프에 대하여 자세히 설명하십시오. 우선, 그래프에 대하여 어떻게 설명할지 생각할 수 있도록 30초가 주어질 것입니다. 그 다음 답변을 위해 1분이 주어질 것입니다.

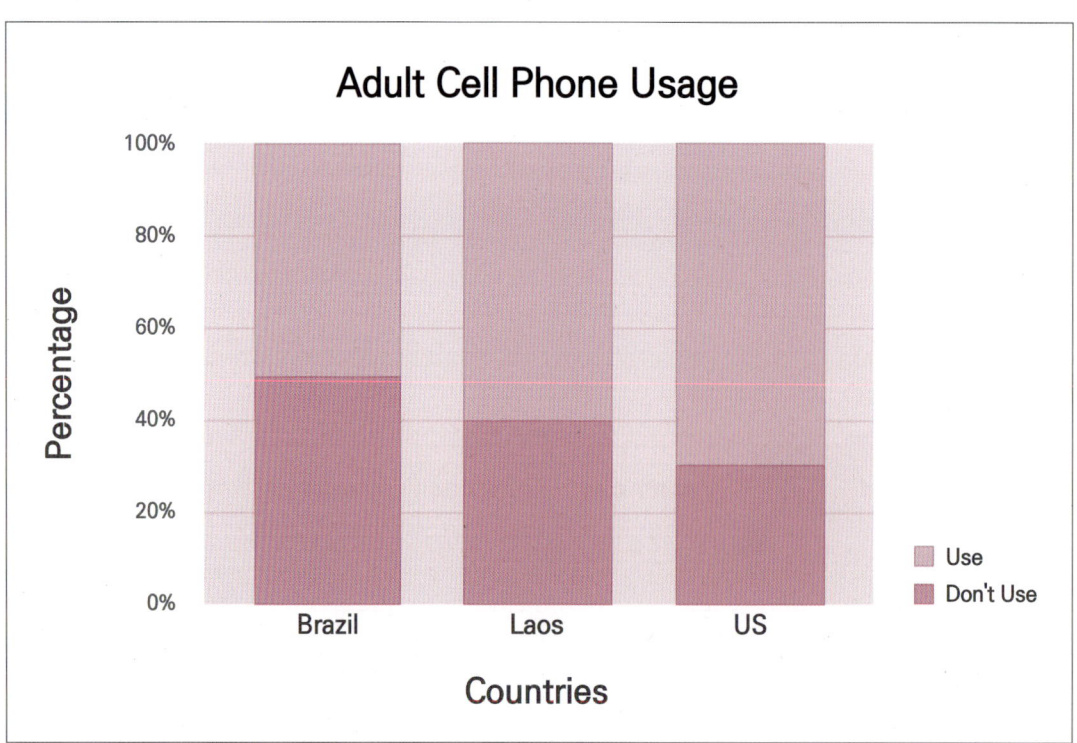

🎧 **Now think about your answer.**   | 30sec

Preparation for your answer

🎧 **Now begin your description**   | 1min

Sample Answer

This graph shows the percentage of cell phone usage by adults in Brazil, Laos, and the United States. Among the three countries, the U.S. has the highest percentage of cell phone usage by adults. 70% of the country's adult population use cell phones while the remaining 30% do not. A similar trend is true in Laos, where 60% of the adult population use cell phones while 40% do not. Brazil has an even balance between adult cell phone users and non-users. Half of Brazil's adult population use cell phones, while the other half do not.

The graph suggests that in countries like the U.S. and Laos, more adults find cell phones to be useful. However, the data could mean that more adults in these countries can afford cell phones and mobile phone services.

해석

이 그래프는 브라질, 라오스와 미국의 성인 휴대폰 사용률을 보여주고 있습니다. 3개국 중에서 미국의 성인 휴대폰 사용률이 가장 높습니다. 미국 성인 인구의 70%가 휴대 전화를 사용하고 있고 나머지 30%는 휴대폰을 사용하고 있지 않습니다. 라오스에도 비슷한 경향이 있는데, 성인 인구의 60%가 휴대폰을 사용하고 있지만, 40%는 사용하지 않고 있습니다. 브라질은 성인 휴대폰 사용자와 비사용자 간에 균형이 있습니다. 브라질 성인 인구의 절반이 휴대폰 사용하고 있고, 나머지 절반은 휴대폰을 사용하고 있지 않습니다.

이 그래프에는 미국과 라오스 같은 국가에서 더 많은 성인이 휴대폰을 유용한 장치로 생각한다는 것을 보여줍니다. 하지만, 이 데이터는 이 국가들에서 더 많은 성인이 휴대폰을 구매하고 휴대폰 서비스에 가입할 여유가 있다는 것을 의미할 수도 있습니다.

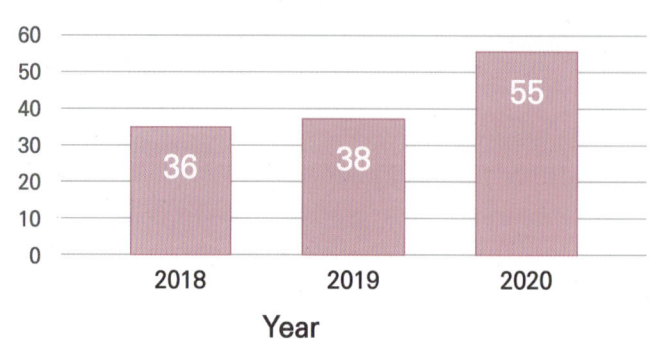

**% of delivery sales to total sales for Korean diners in Seoul (1Q, 2018–2020)**

Percentage (%)

- 2018: 36
- 2019: 38
- 2020: 55

Year

---

**Step1**

### 제목을 요약한다.

제목: % of delivery sales to total sales for Korean diners in Seoul (1Q, 2018–2020)

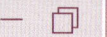 deliveries / total sales, Korean diners in Seoul (1Q, 2018–2020)

**Step2**

### 통계적인 추세를 요약한다.

2018: 36% / 2019: 38% / 2020: 55%

**Step3**

### 추세에 대해 추정되는 이유를 요약한다.

1) 하위 주제 문장 요약

There are possible explanations for this trend:

➡ Explanations:

2) 비슷한 세부 추세 요약

2018~2019: Comparable (36%, 38%); delivery traditionally part of diner business

3) 상반되는 세부 추세 요약

2019~2020: Significant increase to 55%; coronavirus likely increased demand for home delivery

**Practice**

## Step 1. 도표의 제목과 도표에서 제공되는 전반적인 정보를 탐색하여 주제 문장을 만든다.

제목: **% of delivery sales to total sales for Korean diners in Seoul (1Q, 2018-2020)**

➡ This chart shows the percentage of deliveries relative to total sales for Korean diners in Seoul, Korea. The chart covers the first quarters of 2018, 2019 and 2020.

이 도표는 서울에 소재한 분식점의 총 매출 대비 배달 매출의 비율을 보여준다. 도표의 해당 기간은 2018, 2019, 2020년의 1분기이다.

## Step 2. 도표에 기재된 통계적 트렌드(추세)를 단계적으로 설명한다.

도표를 한 눈에 살펴봤을 때, % of delivery sales to total sales가 다음과 같음을 알 수 있다.

**2018: 36%  /  2019: 38%  /  2020: 55%**

➡ In 2018, 36% of all first-quarter sales were deliveries. In 2019, this figure was a comparable 38%. However, deliveries increased significantly to 55% in 2020.

2018년 1분기 전체 매출의 36%가 배달 매출이었다. 2019년에는 배달 매출이 이와 비슷한 38%였다. 하지만, 2020년에는 55%로 크게 상승했다.

## Step 3. 추세에 대한 추정되는 이유를 설명한다.

**1** 추세에 대한 이유를 설명하는 하위 주제 문장(subtopic sentence)을 만든다.

➡ There are possible explanations for this trend:
   이러한 추세는 다음과 같이 설명이 가능하다.

**2** 차례로 추세에 대해 설명한다.

이 때, 비슷한 세부 추세가 상반되는 세부 추세로 전환되는 전개 방식을 흔히 접할 수 있을 것이다. 비슷한 세부 추세와 상반되는 세부 추세를 차례로 각각 1~2 문장 정도로 설명하면 된다.

## | 비슷한 세부 추세 |

➡ Deliveries stayed at comparable levels between 2018 and 2019 probably because delivery service has traditionally been a major part of business for Korean diners, which offer a variety of Korean comfort food from snacks to meals.

배달 매출은 배달서비스가 전통적으로 간식부터 식사까지 다양한 한국의 맛깔스러운 음식을 제공하는 한국 식당의 주요 부분을 차지해 왔기 때문에 2018년과 2019년에는 비슷한 수준을 유지했다.


## | 상반되는 세부 추세 |

➡ However, deliveries exploded between 2019 and 2020, likely due to the coronavirus outbreak. Because of the fear of infection, a large percentage of customers chose to stay in and have food and meals delivered to their homes.

그러나 2019년과 2020년 사이에는 코로나바이러스가 발생하여 배송이 폭발적으로 증가했을 가능성이 크다. 바이러스 감염에 대한 두려움 때문에, 많은 고객이 집에 머물러 식료품과 식사를 배달 주문하는 것을 선택했다.

Sample Answer

This chart shows the percentage of deliveries relative to total sales for Korean diners in Seoul, Korea. The chart covers the first quarters of 2018, 2019 and 2020.

In 2018, 36% of all first-quarter sales were deliveries. In 2019, this figure was a comparable 38%. However, deliveries increased significantly to 55% in 2020.

There are possible explanations for this trend:

Deliveries stayed at comparable levels between 2018 and 2019 probably because delivery service has traditionally been a major part of business for Korean diners, which offer a variety of Korean comfort food from snacks to meals.

However, deliveries exploded between 2019 and 2020, likely due to the coronavirus outbreak. Because of the fear of infection, a large percentage of customers chose to stay in and have food and meals delivered to their homes.

해석

이 도표는 서울에 소재한 한국 식당의 총 매출 대비 배달 매출의 비율을 보여준다. 이 도표의 해당 기간은 2018, 2019, 2020년의 1분기이다.

2018년 1분기 전체 매출의 36%가 배달 매출이었다. 2019년에는 배달 매출이 이와 비슷한 38%였다. 하지만, 2020년에는 55%로 크게 상승했다.

이러한 추세는 다음과 같이 설명이 가능하다.

배달 매출은 배달서비스가 전통적으로 간식부터 식사까지 다양한 한국의 맛깔스러운 음식을 제공하는 한국 식당의 주요 부분을 차지해 왔기 때문에 2018년과 2019년에는 비슷한 수준을 유지했다.

그러나 2019년과 2020년 사이에는 코로나바이러스가 발생하여 배송이 폭발적으로 증가했을 가능성이 크다. 바이러스 감염에 대한 두려움 때문에, 많은 고객이 집에 머물러 식료품과 식사를 배달 주문하는 것을 선택했다.

## 2-3 Vocabulary

chart 도표, 차트
graph 도표, 그래프
picture 그림, 사진
image 그림, 사진, 영상
data 자료, 데이터

show 보여주다
demonstrate 보여주다
indicate 나타내다
record 기록하다

sales 판매량, 매출액
revenue 매출
business 사업
profit 이익
loss 손해
cost 비용
percentage 백분율, 비율
proportion 비율, 부분
ratio 비율, 비
part 부분

total 총, 전체의
all 모든

increase 증가하다
rise 상승하다
grow 늘어나다
expand 확대/확장되다
explode 폭증하다

decrease 감소하다, 줄다
drop 하락하다, 떨어지다
shrink 줄어들다
contract 수축하다, 줄어들다.

significant 상당한, 중대한
dramatic 극적인
major 중요한, 주요

stay 머무르다
maintain 유지하다
insignificant 사소한
comparable 비슷한
similar 비슷한
traditional 전통적인
minor 사소한

possible 가능한
probable 개연성 있는
likely 가능성 높은

explanation 설명
reason 이유
level 수준

* Fill in the blanks with the words below. Adjust tense or form as necessary.

아래의 단어로 빈 칸을 채우십시오. 필요에 따라 시제 또는 형태를 조정하십시오.

| contract   indicate   maintain   possible   profit |
| --- |

1. The data _____ a significant increase in deliveries between 2019 and 2020.

   배달 매출이 2019년과 2020년 사이에 상당히 증가한 사실을 데이터가 <u>보여주고 있다.</u>

2. In 2019, the store recorded revenues of $2 million and costs of $1.5 million, for a _____ of $0.5 million.

   2019년에 매장은 매출 200만 달러, 비용 150만 달러를 기록하여 50만 달러의 <u>이익</u>을 달성했다.

3. Due to the coronavirus, the store's sales _____ by 65% in the first quarter of 2020 compared to 2019.

   코로나바이러스로 인해 매장의 매출은 2020년 1분기에 2019년 대비 65% <u>감소했다.</u>

4. For the second quarter, let's do our best to _____ comparable sales levels to the first.

   2분기에는 1분기와 비슷한 판매량 수준을 <u>유지하기</u> 위해 최선을 다합시다.

5. The coronavirus outbreak is a _____ reason for the rise in delivery sales.

   코로나바이러스 발병이 배달 매출 상승의 <u>가능성 있는</u> 이유 중 하나이다.

**Answers** | 1. indicated or indicates   2. profit   3. contracted   4. maintain   5. possible

* Translate the following Korean sentences into English by including the given word or expression in each problem. Adjust tense or form as necessary.

다음 한국어 문장들을 각 문제에 주어진 단어나 표현을 포함시켜 영어로 번역하십시오. 필요에 따라 시제 또는 형태를 조정하십시오.

---

e. g.

우리 매출의 상당한 비율이 배달 매출이다. (proportion)

Sample Answer: A significant <u>proportion</u> of our sales are from delivery.

---

1. 2007년에 스티브 잡스는 당시에 혁신적이었던 아이폰을 대중에게 시범했다. (demonstrate)

_____

2. 코로나바이러스 발병은 극적인 마스크 수요를 초래했다. (dramatic)

_____

3. 위키백과에 의하면, 대한민국의 GDP는 1962년과 1989년 사이, 연평균 8% 이상 성장했다. (grow)

_____

4. 하늘에 구름을 봐서는 아마 오늘 비가 올 것이다. (probable)

_____

5. 레스토랑 체인은 5년 전 단 하나의 레스토랑에서 오늘날 52개의 레스토랑 프랜차이즈로 확장했다. (expand)

_____


## Sample Answers

1. In 2007, Steve Jobs <u>demonstrated</u> the then-revolutionary iPhone to the public.

2. The coronavirus outbreak has brought on a <u>dramatic</u> demand for masks.

3. According to Wikipedia, South Korea's GDP <u>grew</u> by an average of over 8% a year between 1962 and 1989.

4. From the clouds in the sky, the chances of it raining today are <u>probable</u>.

5. The restaurant chain <u>expanded</u> from a single restaurant five years ago to a 52-restaurant franchise today.

G-TELP

G-TELP

# PART
# 03

# Responding to a Simple Question

## 간단한 질문에 답하기

# PART 03

# Responding to a Question
## 일상생활과 관련된 질문에 대해 답변하기

Part 3에서는 의견을 묻는 간단한 질문 하나가 제시되며, 이에 대해 조리 있는 답변을 해야합니다. 30초의 준비시간이 주어지며, 1분의 답변 시간이 주어집니다.

## 3-1 유형 파악

🎧 **Directions:** Listen to the following question. You will have 30 seconds to think about your answer and one minute to speak. Give as much detail as possible. Now listen to the question.

다음 질문을 들으십시오. 30초 동안 답변을 생각하고, 1분 동안 말할 시간이 주어질 것입니다. 세부 사항들을 최대한 많이 제공하십시오. 이제 질문을 들으십시오.

🎧 Do you think that it is important to keep your home life and work life separate from each other? Why or why not?

가정생활과 직장생활을 서로 분리시키는 것이 중요하다고 생각하십니까? 그 이유는 무엇입니까?

🎧 **Now think about your answer.** | 30sec

| Preparation for your answer |
| --- |
| |

Sample Answer

Yes, I think it is important to keep your home life and work life separate from each other because I believe that one's home life and work life are equally important. If I were to handle each life aspect separately, I would be able to focus on dealing with just one at a time, and then I could achieve the best results in the process. On the other hand, if I were to deal with both aspects at the same time, I could end up suffering from stress and would not be able to establish any satisfactory condition for either my home life or work life.

Part 03

해석

네, 저는 가정생활과 직장생활이 모두 동일하게 중요하다고 생각하기 때문에 가정생활과 직장생활을 서로 분리하는 것이 중요하다고 봅니다. 삶의 각 측면을 개별적으로 관리할 경우, 한 번에 한 측면만을 관리하는 데에 집중할 수 있고 그 과정에서 최상의 결과를 얻을 수 있습니다. 반면에, 두 가지 측면을 모두 동시에 관리할 경우, 스트레스로 고통받고 가정생활이나 직장생활 어느 것에도 만족할 수 없는 상황을 초래할 수 있습니다.

## 3-2 답변 구성 전략

**Do you subscribe to any paid video streaming services such as Netflix or YouTube Premium? Why or why not?**

당신은 Netflix 또는 YouTube Premium과 같은 유료 동영상 스트리밍 서비스를 구독합니까? 그 이유는 무엇입니까?

---

**Step1** 핵심 질문에 대한 답변을 Yes/No로 간추리다.

Q. Do you subscribe to any paid video streaming services such as Netflix or YouTube Premium?

➡ No

**Step2** 핵심 답변에 대한 이유를 요구하는 질문에 대해 축약적으로 답을 한다.

Q. Why or why not?

➡ Why not? Not worth the money

To pay: Affordable, physical

**Step3** 이유에 대한 근거를 간추려서 제공한다.

1) Affordable

➡ Limited budget

2) Physical

➡ Tangible ownership

**Step4** 추가적인 근거를 간추려서 덧붙인다.

➡ No restrictions from Internet or DRM

**Step5** 결론을 간추린다.

➡ Don't subscribe; buy inexpensive DVDs instead

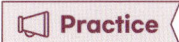 **Practice**

## Step 1. 핵심 질문에 대해 단답형 답변을 한다.

Q. Do you subscribe to any paid video streaming services such as Netflix or YouTube Premium?

➡ No, I do not subscribe to any paid video streaming services such as Netflix or YouTube Premium.
아니요. 저는 Netflix 또는 YouTube Premium과 같은 유료 동영상 스트리밍 서비스를 구독하지 않습니다.

## Step 2. 핵심 답변에 대한 이유를 요구하는 질문에 대해 주제 문장을 말한다.

Q. Why or why not?

➡ The reason is that I do not consider digitally delivered content such as streaming or downloadable videos to be worth the money. For me to pay for it, video content must be affordable and physical.

그 이유는 제가 스트리밍 또는 다운로드 동영상과 같이 디지털 방식으로 제공되는 콘텐츠에 대해 돈을 지불할 가치가 있다고 여기지 않기 때문입니다. 제가 동영상 콘텐츠에 대해 비용을 지불하기 위해서는 그 콘텐츠가 저렴하고 물리적이어야 합니다.

## Step 3. 이유에 대한 근거를 설명한다.

Step 2를 보면,

"For me to pay for it," (제가 동영상 콘텐츠에 대해 비용을 지불하기 위해서는)에 대한 두 가지 조건을 제시했다.

"video content must be 1) affordable and 2) physical."
그 콘텐츠가 저렴하고 물리적이어야 합니다.

이 제시한 두 가지 조건에 대해 각각 하나의 근거를 제공한다.

### 1) affordable(저렴한)에 대한 근거를 제공한다.

➡ It must be affordable because my budget to spend on video content is limited.
동영상 콘텐츠가 저렴해야 되는 이유는 제가 그것에 소요할 수 있는 금액이 한정되어 있기 때문입니다.

### 2) physical(물리적)에 대한 근거를 제공한다.

➡ It must be physical because I wish to tangibly own what I paid for.
그것이 물리적이어야 하는 이유는 제가 구매한 것을 명백히 소유하고 싶기 때문입니다.

## Step 4. 추가적인 근거가 있으면 덧붙인다.

➡ Moreover, I do not wish to restricted by an Internet connection or DRM (digital rights management) to watch videos I bought.

게다가 저는 인터넷 연결 또는 DRM(디지털 권한 관리)으로부터 제가 구매한 동영상을 시청하는데 구애 받고 싶지 않습니다.

## Step 5. 결론 문장으로 답변을 마무리한다.

➡ That is why I do not subscribe to any paid video streaming services and spend money only on inexpensive DVDs.

그래서 저는 유료 동영상 스트리밍 서비스에 가입하지 않고 저렴한 DVD에만 돈을 씁니다.

**Sample Answer**

No, I do not subscribe to any paid video streaming services such as Netflix or YouTube Premium.

The reason is that I do not consider digitally delivered content such as streaming or downloadable videos to be worth the money. For me to pay for it, video content must be affordable and physical.

It must be affordable because my budget to spend on video content is limited. It must be physical because I wish to tangibly own what I paid for. Moreover, I do not wish to restricted by an Internet connection or DRM (digital rights management) to watch videos I bought.

That is why I do not subscribe to any paid video streaming services and spend money only on inexpensive DVDs.

**해석**

아니요, 저는 Netflix 또는 YouTube Premium과 같은 유료 동영상 스트리밍 서비스를 구독하지 않습니다.

그 이유는 제가 스트리밍 또는 다운로드 동영상과 같이 디지털 방식으로 제공되는 콘텐츠에 대해 돈을 지불할 가치가 있다고 여기지 않기 때문입니다. 제가 동영상 콘텐츠에 대해 비용을 지불하기 위해서는 그 콘텐츠가 저렴하고 물리적이어야 합니다.

동영상 콘텐츠가 저렴해야 되는 이유는 제가 그것에 소요할 수 있는 금액이 한정되어 있기 때문입니다. 그것이 물리적이어야 하는 이유는 제가 구매한 것을 명백히 소유하고 싶기 때문입니다. 게다가 저는 인터넷 연결 또는 DRM (디지털 권한 관리)으로부터 제가 구매한 동영상을 시청하는데 구애 받고 싶지 않습니다.

그래서 저는 유료 동영상 스트리밍 서비스에 가입하지 않고, 저렴한 DVD에만 돈을 씁니다.

**Useful Expressions**

## 1. I (동사) ~. 나는 ~ (동사).

**I do not (동사)** ~. 나는 ~ (동사) 않는다.

For example,

I think it is important to keep your home life and work life separate from each other.
저는 가정생활과 직장생활을 서로 분리하는 것이 중요하다고 봅니다(생각합니다).

I do not subscribe to any paid video streaming services.
저는 유료 동영상 스트리밍 서비스에 구독하지 않습니다.

I believe that one's home life and work life are equally important.
저는 가정생활과 직장생활이 모두 동일하게 중요하다고 생각합니다.

I do not consider digitally delivered content such as streaming or downloadable videos to be worth the money.

저는 스트리밍 또는 다운로드 동영상과 같이 디지털 방식으로 제공되는 콘텐츠에 대해 돈을 지불할 가치가 있다고 여기지 않습니다.

## 2. For (someone) to (verb), (something) must/should be (adjective).

(누가) (어떤 것을) (동사)하려면, (그것이) (동사)하여야 한다.

For example,

**For** me **to** pay for it, video content **must be** affordable and physical.
제가 동영상 콘텐츠에 대해 비용을 지불하기 위해서는 그 콘텐츠가 저렴하고 물리적이어야 합니다.

**For** her **to** buy clothes, they(clothes) **should be** beautiful.
그녀가 옷을 사려면, 옷이 예뻐야 한다.

## 3. The reason is that ~. 그 이유는 ~이다.

For example,

<u>The reason is that</u> I do not consider digitally delivered content such as streaming or downloadable videos to be worth the money.

그 이유는 제가 스트리밍 또는 다운로드 동영상과 같이 디지털 방식으로 제공되는 콘텐츠에 대해 돈을 지불할 가치가 있다고 여기지 않기 때문이다.

➡ "The reason is" 또는 "The reasons are" 뒤에는 "that"절이 따르는 것이 법칙이다. (O)

➡ 간혹, "The reason is because ~" 또는 "The reasons are because ~" 라는 표현을 접할 수 있는데, 이는 잘못된 표현임을 알아두자. (X)

## 4. That/This is why ~. 그래서 ~이다.

<u>That is why</u> I do not subscribe to any paid video streaming services and spend money only on inexpensive DVDs.

그래서 저는 유료 동영상 스트리밍 서비스에 가입하지 않고 저렴한 DVD에만 돈을 씁니다.

## 3-3 Vocabulary

### 게다가, 더욱이

moreover

additionally

in addition

also

furthermore

plus

not only⋯but⋯as well.

not only⋯but also⋯

### 반면에

on the other hand

to the contrary

in contrast

conversely

however

but

instead

alternatively

### 그러므로, 따라서, 결과적으로

therefore

consequently

so

hence

as a result

thus

for that reason

### 생각하다, 여기다

believe

consider

think

## Practice

* Translate the following Korean sentences into English by including the given word or expression in each problem. Adjust tense or form as necessary.

다음 한국어 문장들을 각 문제에 주어진 단어나 표현을 포함시켜 영어로 번역하십시오. 필요에 따라 시제 또는 형태를 조정하십시오.

---

e.g.

**On the other hand**

그는 키가 컸다. 반면에, 그의 친구는 작았다.

Sample Answer: He was tall. **On the other hand**, his friend was short.

---

1. 그 노트북은 빠를 뿐만 아니라 가볍기도 했다. (not only…but also…)

_____

2. 이 스마트폰은 화면이 멋지다. 더욱이, 이 스마트폰은 배터리 수명도 훌륭하다. (moreover)

_____

3. 그는 수업에 너무 자주 빠졌다. 그래서 나는 그를 합격시킬 수 없다. (for that reason)

_____

4. 저는 목요일 오후 6시에 만날 수 없지만, 대신에 7시에 만나면 어떨까요? (instead)

_____

5. 저희 회사의 1백만 달러 제안을 고려해 보시겠습니까? (consider)

_____

### Sample Answers

1. The laptop computer was <u>not only</u> fast _ light.
2. This smartphone has a nice screen. <u>Moreover</u>, it has great battery life.
3. He has missed too many classes. <u>For that reason</u>, I cannot pass him.
4. I cannot meet on Thursday at 6pm but how about we meet at 7 <u>instead</u>?
5. Would you <u>consider</u> our company's offer of $1 million?

# PART
# 04

# Relaying Telephone Messages

## 전화 메시지 전달

PART 01　PART 02　PART 03　**PART 04**　PART 05　PART 06

PART 07　PART 08　PART 09　PART 10　PART 11　실전 모의고사

# PART 04

## Relaying Telephone Messages

### 전화 메시지 전달

Part 4에는 업무와 관련된 전화 통화를 듣고, 이에 대한 메시지를 전달해야 합니다. 30초의 준비시간이 주어지며, 1분의 답변 시간이 주어집니다.

## 4-1 유형 파악

🎧 **Directions:** Listen to the following telephone conversation. Afterwards, you must report the telephone conversation to the appropriate person. You will have 30 seconds to think about the conversation, and one minute to relay the message. Now listen to the telephone conversation.

다음 전화 통화를 들으십시오. 전화 통화를 듣고 난 후, 통화 내용을 해당 사람에게 보고해야 됩니다. 통화 내용을 정리하는 데에 30초, 메시지를 전달하는 데에 1분이 주어집니다. 이제 전화 통화를 들으십시오.

**F :** Hi Charlie, this is Vivian calling.

안녕하세요, 찰리씨. 저는 비비안입니다.

**M:** Good afternoon, Vivian. How's the negotiation with the National Investment Company in Canada coming along? Have they accepted our proposal?

안녕하세요, 비비안씨. 캐나다에 있는 National Investment Company와의 협상은 어떻게 진행되고 있나요? 그들은 우리의 제안을 받아들였습니까?

**F :** Well, they have agreed to most of our terms, but I do need advice on a couple of things. Can I speak with Mr. Stanton?

글쎄요, 그들은 우리의 조건 대부분에 동의를 했지만, 저는 몇 가지 사항에 대해 조언이 필요합니다. 스탠튼 씨와 통화 가능할까요?

**M:** I'm afraid that Mr. Stanton is in a meeting right now. May I take a message for you?

죄송 하지만 스탠튼씨는 지금 회의 중입니다. 메시지를 남기시겠습니까?

**F :** Sure. Please tell him that the National Investment Company finds the 13% professional fee, and the 3% equipment rental fee we proposed to be too high. I pointed out that those rates are on par with the industry standard, but they want to cut it down to 11.5% for the professional fee, and 2.7% for the equipment rental fee.

네, 그러지요. National Investment Company는 우리가 제안한 13 % 서비스 수수료와 3 % 장비 대여료가 너무 높다고 생각한다는 것을 스탠튼씨 에게 전달 해주셨으면 합니다. 저는 그 요율들이 업계 표준과 대등하다고 얘기했지만 그들은 서비스 수수료를 11.5 %, 장비 대여료를 2.7 %로 낮추기를 원합니다.

**M:** Oh, that does sound a little low.

오, 그건 좀 낮게 들리는데요.

**F :** Yes. They also want to push up the deployment date of their staff to our country. They want to send their staff a month early, on the 25th of March, because they want to be able to break into the market to take advantage of the current high demand.

네. 그들은 또한 우리나라로의 직원 파견을 앞당기고 싶어합니다. 현재의 높은 수요를 활용하기 위해서 시장에 뛰어들 수 있기를 원하기 때문에, 한달 일찍인 3월 25일에 직원을 파견하려는 것입니다.

**M:** That's a little tight, but it sounds doable. If so, I think it will be good for both of us.

그건 좀 빡빡하지만, 그럴듯하게 들리네요. 그렇게 한다면, 양측 모두에게 좋을 것 같습니다.

**F :** Yes, the sooner we can resolve these two issues, the better. Please let Mr. Stanton know about them when he comes out from the meeting, okay? I'm scheduled to meet with the National Investment Company again tomorrow morning so I'd like to have feedback from him before then.

네, 이 두 가지 문제를 빨리 해결할수록 좋습니다. 스탠튼씨가 회의를 마치면, 이 문제들을 그에게 알려주십시오. 제가 내일 오전에 National Investment Company와 다시 만날 예정이니, 그 전에 그의 피드백을 받고 싶다.

**M:** All right. I'll give your message to him.

네, 알겠습니다. 그에게 메시지를 전달하겠습니다.

## Now think about your answer.   | 30sec

**Preparation for your answer**

🎧 **Now tell Mr. Stanton the caller's message. Be sure to include all of the important information.** | 1min

이제 스탠튼씨에게 전화 건 사람의 메시지를 전달하십시오. 중요한 정보를 모두 포함하도록 합니다.

Sample Answer

Hello, Mr. Stanton. Vivian called to give an update on the proposal we submitted to the National Investment Company in Canada.

She said that although the company agreed to most of our terms, they think that the 13% professional fee and the 3% equipment rental fee are too high. They wish to cut the fees down to 11.5% and 2.7%, respectively.

They are also asking to push up the date their staff can move to our country to as early as March 25, if possible. They want to get here a month earlier so they can take advantage of the current high demand for their product.

Lastly, Vivian was hoping to get advice and feedback from you before she meets with the National Investment Company people again tomorrow morning.

해석

안녕하세요, 스탠튼씨. 비비안씨가 전화해서 저희가 캐나다에 있는 National Investment Company에 제출한 제안에 대한 최신 정보를 알려주었습니다.

그녀는 비록 그 회사가 저희가 제시한 대부분의 조건에 동의했지만, 13%의 서비스 수수료와 3%의 장비 대여료가 너무 높다고 생각한다고 말했습니다. 그들은 수수료를 각각 11.5%와 2.7%로 낮추기를 원한다고 합니다.

그들은 또한 가능한 한 그들의 직원들이 한국으로 옮길 수 있는 날짜를 3월 25일로 앞당길 것을 요청하고 있습니다. 그들은 현재 제품에 대한 높은 수요를 이용할 수 있도록 여기에 한 달 일찍 오기를 원합니다.

마지막으로, 비비안은 내일 아침에 National Investment Company 관련자들과 다시 만나기 전에, 당신으로부터 조언과 피드백을 받기를 기대하고 있었습니다.

## 4-2 답변 구성 전략

**Listen to the following telephone conversation.**

**M:** Hello, Jennifer. This is John calling.

안녕하세요, 제니퍼씨. 저는 존입니다.

**F :** Good afternoon, John. How are you guys finding our new online creative bundle software? Is everything working all right?

안녕하세요, 존씨. 우리 회사의 온라인 크리에이티브 번들 소프트웨어는 어떻게 사용하고 계신가요? 모든 게 제대로 작동하나요?

**M:** Yes, we have been satisfied with your product and technical support. That said, there is an important matter I must discuss with your sales executive. May I speak with Mr. Johnson?

네, 저희는 귀사의 제품과 기술지원에 만족하고 있습니다. 하지만 영업 이사님과 논의해야 할 중요한 안건이 있습니다. 혹시 존슨씨를 바꿔 주시겠어요?

**F :** I'm afraid Mr. Johnson is out of the office right now. May I take a message instead?

죄송하지만 존슨씨는 지금 자리에 안 계십니다. 대신에 메시지를 전해드려도 될까요?

**M:** Sure. I am afraid my company Sorz Studio has decided to cancel our subscription to your online creative bundle software. So we need to request Mr. Johnson's guidance through the cancellation and refund process.

네. 죄송하지만 저희 회사 소즈 스튜디오는 귀사의 온라인 크리에이티브 번들 소프트웨어 구독을 취소하기로 결정했습니다. 그래서 저희는 취소 및 환불 절차에 대한 이사님의 안내를 요청하고자 합니다.

**F :** Oh wow! That's so out of the blue! What happened?

어머! 너무나 갑작스러운 소식인데요! 혹시 무슨 일이에요?

**M:** Well, our CEO has decided to drop all use of proprietary and paid software except when absolutely necessary. My company has already started transitioning to free and open source software. We're pursuing flexibility and lower costs.

글쎄요, 저희 대표님이 꼭 필요한 경우를 제외하고는 유료 사유 소프트웨어 사용을 일체 중단하기로 결정했습니다. 저희 회사는 이미 무료 오픈소스 소프트웨어로 전환하기 시작했고요. 저희가 유연성과 비용 절감을 추구하고 있어서요.

**F :** I see. Oh well, we'll miss having you as a customer, that's for sure. So when exactly does your company plan to cancel its account?
그렇군요. 아무튼 고객을 잃게 되어 매우 아쉽네요. 그러면 귀사는 정확히 언제 계정을 취소할 예정인 가요?

**M:** In one month.
한 달 후 에요.

**F :** All right. I'll make sure Mr. Johnson gets your message when he comes in.
알겠습니다. 존슨 씨가 돌아오시면 메시지를 전달하겠습니다.

**M:** Thanks, I appreciate it.
네, 감사합니다.

**F:** You're welcome.
천만에요.

**M:** Bye.
그럼 안녕히 계세요.

**F :** Bye.
네, 안녕히 계세요.

**Step1**

전화 메시지를 받는 사람에게 Hello ~. 형식으로 인사한다.

➡ Hello, Mr. Johnson.

**Step2**

전화한 사람의 핵심 용건을 간추려서 적는다.

**F :** I'm afraid Mr. Johnson is out of the office right now. <u>May I take a message instead?</u>

**M:** Sure. I am afraid my company <u>Sorz Studio has decided to cancel our subscription to your online creative bundle software.</u> So we need to request Mr. Johnson's guidance through the cancellation and refund process.

➡ John called: Sorz cancelled subscription to online software.

**Step3**

전화한 사람이 남긴 메시지의 내막을 요약한다.

**M:** Yes, <u>we have been satisfied with your product and technical support.</u> That said, there is an important matter I must discuss with your sales executive. May I speak with Mr. Johnson?
...

**F :** Oh wow! That's so out of the blue! What happened?

**M:** Well, <u>our CEO has decided to drop all use of proprietary and paid software except when absolutely necessary.</u> My company has already started transitioning to free and open source software. We're pursuing flexibility and lower costs.

➡ Sorz satisfied but dropping proprietary, paid software.

**Step4**

추가사항을 간추려서 덧붙인다.

Well, our CEO has decided to drop all use of proprietary and paid software except when absolutely necessary. <u>My company has already started transitioning to free and open source software. We're pursuing flexibility and lower costs.</u>

➡ John added: Co. transitioning to FOSS for flexibility, lower costs.

**Step5**

### 간단하게 마무리한다.
나머지 주요 사항 + 전화한 사람이 요청하는 사항

### 주요사항

**F :** I see. Oh well, we'll miss having you as a customer, that's for sure. <u>So when exactly does your company plan to cancel its account?</u>

**M:** In one month.

### 요청사항

**M:** Sure. I am afraid my company Sorz Studio has decided to cancel our subscription to your online creative bundle software. So we need to request <u>Mr. Johnson's guidance through the cancellation and refund process.</u>

➡ **Sorz:** cancel account, 1 month; requests Mr. Johnson's guidance

## 🔊 Practice

### Step 1. 전화 메시지를 받는 사람에게 인사한다.

형식은 "Hello ~."로 간단하게 한다.

전화 메시지를 받는 사람은 전화한 사람이 "May/Can I speak with/to ~?"(~와 통화해도 될까요?)와 같은 질문에서 찾을 수 있다.

"May I speak with Mr. Johnson?"

➡ Hello, Mr. Johnson.
   존슨 이사님 안녕하세요.

### Step 2. 전화한 사람의 핵심 용건을 말한다.

핵심 용건은 원칙적으로 전화 받은 사람의 "May/Can I take a message?"와 같은 질문에 대한 전화한 사람의 답변에서 찾을 수 있다.

F : I'm afraid Mr. Johnson is out of the office right now. May I take a message instead?

M: Sure. I am afraid my company Sorz Studio has decided to cancel our subscription to your online creative bundle software. So we need to request Mr. Johnson's guidance through the cancellation and refund process.

이 때 "(전화한 사람) called to tell us (that) ~."의 형식을 사용하면 가장 손쉽게 전화한 사람의 핵심 용건을 전달할 수 있다.

➡ John called to tell us that Sorz Studio decided to cancel their subscription to our online creative bundle software.
   소즈 스튜디오가 저희 온라인 크리에이티브 번들 소프트웨어 구독을 취소하기로 결정했다고 전해주려고 존이 전화를 했습니다.

### Step 3. 전화한 사람이 남긴 메시지의 내막을 말한다.

전화한 사람이 남긴 메시지의 내막을 전달할 때에 아래와 같은 형식을 따르면 가장 간단하다.

He said that although S+V(내막의 서론), S+V (내막의 본론).

**1** 통화하고 싶은 사람이 부재중이라 메시지를 남기는 대화의 특성 상 메시지의 서막은 "May/Can I speak with/to ~?"(~ 선생님과 통화해도 될까요?) 이전에 찾을 수 있다.

M: Yes, <u>we have been satisfied with your product and technical support</u>. That said, there is an important matter I must discuss with your sales executive. May I speak with Mr. Johnson?

➡ He said that although <u>Sorz Studio is satisfied with our product and technical support</u>**(내막의 서론)**, (내막의 본론).

그는 <u>소즈 스튜디오가 비록 저희 회사의 제품과 기술지원에 만족하지만</u>**(내막의 서론)**, (내막의 본론).

**2** 반대로 내막의 본론은 원칙적으로 전화를 받은 사람이 전화한 사람의 메시지의 핵심을 듣고 반응한 직후의 대사에서 찾을 수 있다.

F : Oh wow! That's so out of the blue! What happened?

M: Well, <u>our CEO has decided to drop all use of proprietary and paid software except when absolutely necessary</u>. My company has already started transitioning to free and open source software. We're pursuing flexibility and lower costs.

➡ He said that although Sorz Studio is satisfied with our product and technical support(내만의 서론), <u>its CEO decided to drop all use of proprietary and paid software except when absolutely necessary</u>**(내막의 본론)**.

그는 소즈 스튜디오가 비록 저희 회사의 제품과 기술지원에 만족하지만(내막의 서론), <u>꼭 필요한 경우를 제외하고는 유료 사유 소프트웨어 사용을 일체 중단하기로 대표이사가 결정했답니다</u>**(내막의 본론)**.

## Step 4. 추가사항을 덧붙인다.

추가 사항 중에는 전화한 사람이 전하는 후속조치 사항이나 "also"나"additionally" 등과 같은 표현 등으로 가리키는 사항 등이 있다.

M: Well, our CEO has decided to drop all use of proprietary and paid software except when absolutely necessary. <u>My company has already started transitioning to free and open source software. We're pursuing flexibility and lower costs.</u>

추가사항을 전달하는 대표적인 형식 중에는 다음이 있다.

(전화한 사람) added that ~.

⇨ John added that the company is pursuing flexibility and lower costs and has already started transitioning to free and open source software.

존은 또한 회사가 유연성과 비용 절감을 추구하고 있으며 이미 무료 오픈소스 소프트웨어로 전환하기 시작했다고 전했습니다.

## Step 5. 마무리를 짓는다.

Step 1-4 중에 **누락된 주요 사항 + 전화한 사람이 메시지를 받는 사람에게서 요청하는 사항**

**1** Step 1-4 중에 누락된 주요사항

전화통화 내용을 재검토해보면 다음과 같은 주요사항이 Step 1-4에서 누락된 것을 알 수 있다.

F : I see. Oh well, we'll miss having you as a customer, that's for sure. So when exactly does your company plan to cancel its account?

M: In one month.

⇨ Sorz Studio plans to cancel its account in one month and John had hoped to speak to you to request your guidance through the cancellation and refund process.

소즈 스튜디오는 한 달 후에 계정을 취소할 예정이며 취소 및 환불 절차에 대한 이사님의 안내를 요청하려고 이사님과 통화하기를 원했습니다.

**2** 전화한 사람이 메시지를 받는 사람에게 요청한 사항을 언급하면서 전화 메시지 전달을 인상깊게 마무리할 수 있다.

(전화한 사람)had hoped to speak to you to request ~.

~에 들어갈 내용은 전화통화의 다음 부분에서 찾을 수 있다.

M: Sure. I am afraid my company Sorz Studio has decided to cancel our subscription to your online creative bundle software. So we need to request Mr. Johnson's guidance through the cancellation and refund process.

⇨ Sorz Studio plans to cancel its account in one month and John had hoped to speak to you to request your guidance through the cancellation and refund process.

소즈 스튜디오는 한 달 후에 계정을 취소할 예정이며 취소 및 환불 프로세스에 대한 이사님의 안내를 요청하려고 이사님과 통화하기를 원했습니다.

Hello, Mr. Johnson. John called to tell us that Sorz Studio decided to cancel their subscription to our online creative bundle software.

He said that although Sorz Studio is satisfied with our product and technical support, its CEO decided to drop all use of proprietary and paid software except when absolutely necessary. John added that the company is pursuing flexibility and lower costs and has already started transitioning to free and open source software.

Sorz Studio plans to cancel its account in one month and John had hoped to speak to you to request your guidance through the cancellation and refund process.

**해석**

존슨 이사님 안녕하세요. 소즈 스튜디오가 저희 온라인 크리에이티브 번들 소프트웨어 구독을 취소하기로 결정했다고 알려주기 위해 존이 전화를 했습니다.

그는 소즈 스튜디오가 비록 저희 회사의 제품과 기술지원에 만족하지만, 소즈스튜디오의 CEO는 꼭 필요한 경우를 제외하고 유료 사유 소프트웨어 사용을 전면 중단하기로 결정했답니다. 존은 회사가 유연성과 비용 절감을 추구하고 있으며, 이미 무료 오픈소스 소프트웨어로 전환하기 시작했다고 덧붙였습니다.

소즈 스튜디오는 한 달 후에 계정을 취소할 예정이며, 취소 및 환불 절차에 대한 이사님의 안내를 요청하기 위해 이사님과 통화하기를 원했습니다.

negotiation 협상

accept 받아들이다

proposal 제안서

submit 제출하다

although (비록) ~이긴 하지만

agree 동의하다

term 조건

advice 조언, 자문

couple 두 사람(개)

few 몇몇

several 수개의

speak 말을 주고 받다

talk 말하다

discuss 상의하다

I am afraid 죄송합니다

message 메시지

fee 수수료

professional fee 서비스 수수료

rental fee 임대료

equipment 장비

point out 가리키다, 지적하다

market 시장

break into 진입하다

take advantage of ~을 이용하다

demand 수요

supply 공급

tight 빡빡하게, 임박하게

doable 가능한

possible 가능한

impossible 불가능한

think 생각하다

consider 고려하다

notify 알리다, 통보하다

creative 예술적

bundle 세트, 묶음

package 세트, 묶음

suite 세트, 묶음

satisfy 만족하다, 충족하다

product 제품

support 지원

technical support 기술지원

matter 사항, 문제, 상황

rate 비율, 요금
on a par 동등한, 같은
Industry standard 업계 표준

cut down 낮추다, 줄이다
respective 각각의, 각자의

sound 들리다
seem ~인 것 같다
appear 나타나다, ~인 것 같다

push up/down 앞당기다/미루다
send 보내다
dispatch 파견하다
deploy 배치하다

staff 임직원
executive 임원
manager 관리자, 대리
person-in-charge 담당자

cancel 취소하다
subscription 구독
guidance 도움
refund 환불

out of the blue 갑작스러운
sudden 갑작스러운
unexpected 의외로
expected 예상대로

proprietary 사유, 독점, 클로즈소스 (closed source)
open source 오픈소스
paid 유료, 유상
free 무료, 무상

except ~을 제외하고
absolutely 절대적으로
necessary 필요한
transition 전환하다
pursue 추구하다
flexibility 유연성
cost 비용

come in 들어오다
go out 나가다
appreciate 고마워하다
welcome 환영하다

**\* Fill in the blanks with the terms below. Adjust any tense or form as necessary.**

아래의 단어로 빈 칸을 채우십시오. 필요에 따라 시제 또는 형태를 조정하십시오.

---

respective / submit / unexpected / term / appreciate /

notify / fee / demand / matter / pursue /

cut down / person-in-charge / discuss / consider / come in /

deploy / message / take advantage / negotiation / impossible

---

1. The company _____ its proposal just before the deadline.

   그 회사는 마감시간 직전에 제안서를 제출했다.

2. After three months of contract _____, the two parties finally came to an agreement.

   양사는 세 달 간의 협상 후에 드디어 계약에 협의했다.

3. According to the _____ of the agreement, company A was to pay company B $1 million/year for services rendered.

   계약조건에 의하면 A사는 B사에게 용역비용으로 1년에 1백만달러를 지급해야 했다.

4. We _____ your longstanding service to our company.

   우리 회사는 귀하의 오랜 근무에 감사드립니다.

5. Please leave a _____ after the tone.

   '삐' 소리 후에 음성 메시지를 남겨주세요.

6. The company's hiring manager _____ the recruit of her acceptance.

   인사 담당자는 지망생에게 그녀의 합격을 통보했다.

7. The agent charges a _____ of 4% for every contract successfully negotiated.

   그 에이전트는 모든 계약체결에 대해 4%의 성공 보수를 받는다.

8. This is an urgent _____ and I must speak with Mr. Johnson at once!

이것은 급한 <u>문제</u>라 존슨 이사님과 시급하게 통화해야 합니다!

9. Our company is _____ a plan to increase our profit margins from 9% to 15% within two years.

저희 회사는 2년 이내에 이익률을 9%에서 15%로 상승시키기 위한 계획을 <u>추구하고</u> 있습니다.

10. Due to rising costs, the company _____ its staff from 1,000 to 700 employees.

비용상승으로 인해 회사는 임직원 수를 1000명에서 700명으로 <u>감축했다.</u>

11. Let me get back to you on that. I need to _____ it with my captain first.

다시 연락 드릴게요. 저희 팀장님과 먼저 <u>상의해</u> 봐야겠습니다.

12. Chulsoo was _____ employment offers from three companies.

철수는 3개의 업체의 고용 제안을 <u>고려하고</u> 있었다.

13. Mr. Johnson has gone out for lunch. He should _____ by 2pm.

존슨 이사님은 점심식사 하러 나가셨습니다. 2시까지는 <u>들어오실</u> 겁니다.

14. To combat the warlord and his army, an international force of 5,000 troops was _____.

군벌과 그의 군대에 맞서기 위해 국제군 5000명이 <u>파견됐다.</u>

15. I'm afraid the 150 million smartphones a year produced by our factories won't be enough to satisfy worldwide_____.

죄송하지만 우리 회사의 공장에서 생산하는 연 1500만개의 스마트폰으로는 전 세계적 <u>수요</u>를 충족시키지 못 할 것 같습니다.

16. Now is the opportunity. We must _____ of it immediately.

지금이 기회이다. 우리는 이를 즉시 <u>이용</u>해야 한다.

17. Our company has decided to pursue a new direction in 2022. It has been nice working with your company for so long but we must now go our _____ ways.

저희 회사가 2022년부터는 새로운 방향을 추구하기로 결정했습니다. 우리 회사들이 그 동안 잘 협력해왔지만 이제는 <u>각자의</u> 길을 가야 할 것 같습니다.

18. Due to the coronavirus outbreak, guests suddenly stopped coming, which put _____ strains on the hotel's business.

코로나바이러스 발병으로 인해 손님의 발길이 줄자 호텔의 매출에 <u>예상치 못한</u> 문제가 생겼다.

19. It is _____ to stay in business if we're making only $500,000 for every $1 million spent.

우리가 1백만 달러를 지출할 때마다 50만 달러 밖에 벌지 못 하면 계속 <u>운영할 수가 없다.</u>

20. May I speak to the _____ of technical support? My company requires guidance regarding server configuration.

기술지원 <u>담당자와</u> 통화해도 될까요? 저희 회사가 서버 설정에 대한 도움이 필요합니다.

**Answers**

| | |
|---|---|
| 1. submitted | 11. discuss |
| 2. negotiations | 12. considering |
| 3. terms | 13. come in |
| 4. appreciate | 14. deployed |
| 5. message | 15. demand |
| 6. notified | 16. take advantage |
| 7. fee | 17. respective |
| 8. matter | 18. unexpected |
| 9. pursuing | 19. impossible |
| 10. cut down | 20. person-in-charge |

# PART
# 05

# Responding to a Work-Related Question I

## 업무와 관련된 질문에 대한 답변 I

PART 01  PART 02  PART 03  PART 04  **PART 05**  PART 06

PART 07  PART 08  PART 09  PART 10  PART 11  실전 모의고사

# PART 05

# Responding to a Work-Related Question I
## 업무와 관련된 질문에 대한 답변 I

Part 5에서는 업무와 관련된 질문에 대해 답변해야 합니다. 30초의 준비시간이 주어지며, 1분의 답변 시간이 주어집니다.

## 5-1 유형 파악

🎧 **Directions:** Listen to the following question. You will have 30 seconds to think about your answer and one minute to speak. Answer the question in as much detail as possible. Now listen to the question.

................................................................................................................................

다음 질문을 들으십시오. 30초 동안 답변을 생각하고, 1분 동안 말할 시간이 주어질 것입니다. 질문에 가능한 많은 세부사항을 포함하여 답변하십시오. 이제 질문을 들으십시오.

🎧 Tell me about the most difficult task or project you have ever completed. What was it and how did you feel after doing it? Describe your answer in as much detail as possible.

................................................................................................................................

본인이 완수한 과업이나 프로젝트 중 가장 어려웠던 것에 대해 말해주십시오. 그것은 무엇이었고, 완료 후에는 어떤 느낌을 받았습니까? 당신의 답변을 가능한 한 자세히 서술하십시오.

🎧 **Now think about your answer.**   I 30sec

**Preparation for your answer**

Sample Answer

The most difficult task I have ever completed was having to work with people of other nationalities while doing market research. This happened when our company was starting to establish a market in Hong Kong. Performing the market research study was difficult enough because I had to gather all the information and then analyze and organize it. This was compounded by the need for me to communicate with people who spoke a different language.

I know very little Chinese, and the only language I could use during the study was English, which many respondents were not very familiar with. I had to be patient when talking with the respondents, which was often challenging. I tried to understand every word they were saying because it was part of my job to record as much detail as possible. Sometimes I would ask follow-up questions if I didn't understand what they were saying. In the end, after I completed the market research study, I felt greatly rewarded because I was able to successfully finish the task and submit my report on time.

해석

내가 지금까지 해낸 일 중 가장 어려웠던 과업은 시장조사를 하면서 다른 국적의 사람들과 일을 해야했던 것이었습니다. 이는 저희 회사가 홍콩 시장 진입 초기에 일어났던 일입니다. 모든 정보를 수집하고 나서 분석하고 정리해야 했기 때문에 시장조사 연구를 수행하는 것만으로도 힘들었습니다. 하지만 이 어려움은 다른 언어를 사용하는 사람들과 의사소통을 할 필요성으로 인해 더욱 악화됐습니다.

저는 중국어를 거의 알지 못했고, 연구를 수행하면서 사용할 수 있는 유일한 언어는 많은 응답자들이 익숙하지 않은 영어뿐이었습니다. 응답자들과 이야기할 때 인내심이 많이 요구됐기 때문에 자주 힘들었습니다. 가능한 많은 세부 사항을 기록하는 것이 제 일의 일부였기 때문에 저는 그들이 말하는 단어 하나하나를 이해하려고 노력했습니다. 저는 종종 그들이 무슨 말을 하는지 이해하지 못하면 후속 질문을 하기도 했습니다. 결국 시장조사 연구를 마친 후에 과업을 성공적으로 완수하고 제시간에 보고서를 제출할 수 있었기 때문에 저는 큰 보람을 느꼈습니다.

## 5-2  답변 구성 전략

5-1과 같은 질문에 대한 새로운 답변을 작성하며 답변 구성 전략을 파악해 보자.

🎧 Tell me about the most difficult task or project you have ever completed. What was it and how did you feel after doing it? Describe your answer in as much detail as possible.

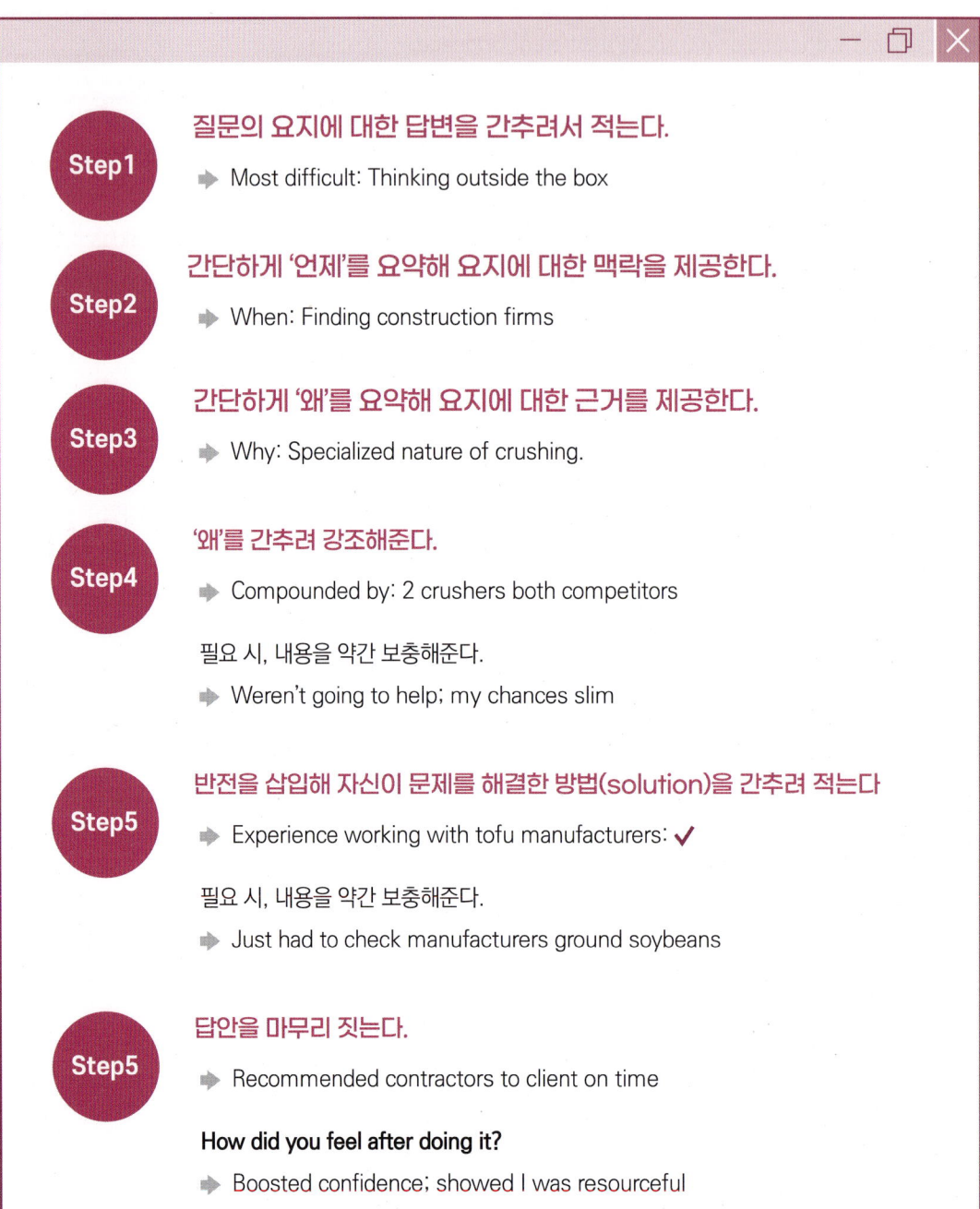

**Step1**

질문의 요지에 대한 답변을 간추려서 적는다.

➡ Most difficult: Thinking outside the box

**Step2**

간단하게 '언제'를 요약해 요지에 대한 맥락을 제공한다.

➡ When: Finding construction firms

**Step3**

간단하게 '왜'를 요약해 요지에 대한 근거를 제공한다.

➡ Why: Specialized nature of crushing.

**Step4**

'왜'를 간추려 강조해준다.

➡ Compounded by: 2 crushers both competitors

필요 시, 내용을 약간 보충해준다.

➡ Weren't going to help; my chances slim

**Step5**

반전을 삽입해 자신이 문제를 해결한 방법(solution)을 간추려 적는다

➡ Experience working with tofu manufacturers: ✔

필요 시, 내용을 약간 보충해준다.

➡ Just had to check manufacturers ground soybeans

**Step5**

답안을 마무리 짓는다.

➡ Recommended contractors to client on time

**How did you feel after doing it?**

➡ Boosted confidence; showed I was resourceful

### Step 1. 질문의 요지에 대한 답변을 통해 주제 문장을 만든다.

이 때, 질문의 형식을 그대로 활용하면 된다.

5-1에서 제시한 질문의 요지는 "Tell me about the most difficult task or project you have ever completed. What was it?" 이다. 질문의 형식을 그대로 사용하면 다음 형식으로 질문의 요지에 답변을 할 수 있다.

The most difficult task I have ever completed was ~.
제가 완수한 가장 어려웠던 과업은 ~.

다음과 같이 주제 문장을 만들 수 있다.

➡ <u>The most difficult task I have ever completed was</u> having to find contractors for a client by thinking outside the box.
<u>제가 완수한 가장 어려웠던 과업은</u> 새로운 시각에서 일을 접근해 용역업체를 찾아야 했던 <u>일이었습니다.</u>

### Step 2. '언제'를 통해 주제 문장에 대한 맥락을 제공한다.

이 때, 다음 형식을 이용하면 된다.

This happened when I was ~.
이는 ~ 때 일어났던 일입니다.

다음과 같이 주제 문장에 대한 간단한 맥락을 제공한다.

➡ <u>This happened when I was</u> finding construction firms experienced in soybean crushing for the client, a multinational grain company.
<u>이는</u> 다국적 곡물회사인 고객사를 위해 대두 분쇄 경험이 있는 건설회사를 찾을 <u>때 일어났던 일입니다.</u>

### Step 3. 이유를 통해 주제 문장에 대한 근거를 제공한다.

동명사 구 was difficult enough because ~
~ 때문에 (무엇을) 하는 것만으로도 힘들었습니다.

다음과 같이 주제 문장에 대한 간단한 근거를 제공했다.

➡ <u>Finding contractors was difficult enough because of</u> the specialized nature of soybean crushing.
대두 분쇄의 전문화된 특성 <u>때문에</u> 용역업체를 찾는 <u>것만으로도 힘들었습니다.</u>

**Step 4.** 이유를 강조해준다.

This was compounded by ~.
이는(이 어려움은) ~로 인해 악화됐습니다.

➡ This was compounded by the fact that the only two companies in Korea known for crushing soybeans were both competitors of the client.

이는(이 어려움은) 한국에서 대두를 분쇄하는 것으로 알려진 유일한 두 개의 회사가 모두 고객의 경쟁사라는 사실로 인해 악화됐습니다.

질문이나 답변의 특성에 따라 문장 하나를 덧붙이면 강조를 확실하게 해줄 수 있다.

my chances of successfully completing the task appeared slim.
제가 과업을 성공적으로 완수할 수 있을 가망이 없어 보였습니다.

➡ They were not going to refer me to their own contractors and my chances of successfully completing the task appeared slim.

그들이 제게 자신들의 협력사를 소개해줄 리는 없었고, 제가 과업을 성공적으로 완수할 수 있을 가망이 없어 보였습니다.

· · · · · · · · · · · · · · · · · · · · · · · · · · · · · · · · · · · · · · · · · · · · · · · · · · · · · · · · · · · · · · · · · · · · · · · · · · · · · · · · ·

**Step 5.** 반전을 삽입해 자신이 문제를 해결한 방법(solution)을 말한다.

이 때

"Then, I ~." (그 때, 저는 ~.)

형식을 이용하면 반전을 제시해주기 용이해진다.

➡ Then, I realized* construction firms with experience working with manufacturers of soybean products such as tofu could also satisfy the client's requirements.

그 때, 저는 두부 같은 대두 식품의 제조사와 협력한 경험이 있는 건설회사 또한 고객사의 요구사항을 충족할 수 있음을 깨달았습니다.

\* 반전을 제시할 때 realize(깨닫다)나 notice(의식하다)처럼 해결책을 찾아냈을 때를 적절히 묘사해주는 동사를 사용하면 된다.

필요 시, 문제의 해결이 임박 하다고 강조

Now I just had to ~.
제게는 이제 ~하는 일만이 남았습니다.

➡ Now I just had to make sure the manufacturers ground raw soybeans to make their soybean products.

제게는 이제 제조사들이 대두 식품을 생산하기 위해 생대두를 분쇄했는지 확인하는 일만이 남았습니다.

## Step 6. 답안 마무리

**1** 다음 형식을 이용해서 문제를 해결했음을 한 문장으로 요약해보자.

I went on to successfully ~.
결국 저는 성공적으로 ~ 수 있었습니다.

➡ I went on to successfully find suitable contractors and recommend them to the client on time.
결국 저는 성공적으로 적절한 용역업체들을 찾아 제시간에 고객에게 추천해줄 수 있었습니다.

**2** how did you feel after doing it?에 대한 답변으로 마무리 지으면 된다.

아래의 예시들은 대부분의 경우에 사용할 수 있는 보편적인 답변이다.

➡ This boosted my confidence because it showed I was resourceful enough to solve challenging problems.
이는 제가 도전적인 문제를 해결하기에도 충분한 재간이 있었음을 보여줬기 때문에 저는 자신감이 높아졌습니다.

➡ I felt greatly rewarded because it demonstrated I was smart enough to handle complex problems.
이는 제가 복잡한 문제를 처리하기에도 충분한 영리함이 있었음을 입증했기 때문에 저는 큰 보람을 느꼈습니다.

➡ It was assuring because it proved I was capable enough to figure out a solution to an important issue.
이는 제가 중대한 과제를 파악하기에도 충분한 수완이 있었음을 증명했기 때문에 저는 제 자신에 대해 확신이 생겼습니다.

The most difficult task I have ever completed was having to find contractors for a client by thinking outside the box. This happened when I was finding construction firms experienced in soybean crushing for the client, a multinational grain company. Finding contractors was difficult enough because of the specialized nature of soybean crushing. This was compounded by the fact that the only two companies in Korea known for crushing soybeans were both competitors of the client. They were not going to refer me to their own contractors and my chances of successfully completing the task appeared slim.

Then, I realized construction firms with experience working with manufacturers of soybean products such as tofu could also satisfy the client's requirements. Now I just had to make sure the manufacturers ground raw soybeans to make their soybean products.

I went on to successfully find suitable contractors and recommend them to the client on time. This boosted my confidence because it showed I was resourceful enough to solve challenging problems.

해석

제가 완수한 가장 어려웠던 과업은 새로운 시각에서 일을 접근해 용역업체를 찾아야 했던 일이었습니다. 이는 다국적 곡물회사인 고객사를 위해 대두 분쇄 경험이 있는 건설회사를 찾을 때 일어났던 일입니다. 대두 분쇄의 전문화된 특성 때문에 용역업체를 찾는 것만으로도 힘들었습니다. 이는(이 어려움은) 한국에서 대두를 분쇄하는 것으로 알려진 유일한 두 개의 회사가 모두 고객의 경쟁사라는 사실로 인해 악화됐습니다. 그들이 제게 자신들의 협력사를 소개해줄 리는 없었고 제가 과업을 성공적으로 완수할 수 있을 가망이 없어 보였습니다.

그 때, 저는 두부 같은 대두 식품의 제조사와 협력한 경험이 있는 건설회사 또한 고객사의 요구사항을 충족할 수 있음을 깨달았습니다. 제게는 이제 제조사들이 대두 식품을 생산하기 위해 생대두를 분쇄했는지 확인하는 일만이 남았습니다.

결국 저는 성공적으로 적절한 용역업체들을 찾아 제시간에 고객에게 추천해줄 수 있었습니다. 이는 제가 도전적인 문제를 해결하기에도 충분한 재간이 있었음을 보여줬기 때문에 저는 자신감이 높아졌습니다.

## 5-3 **Vocabulary**

difficult 어려운
challenging 도전적인
complex 복잡한
pressing 중대한

think outside the box 색다른 관점에서 접근하다
realize 깨닫다
notice 알아보다, 눈치채다
solve 해결하다
handle 처리하다
figure (something) out ~을 파악하다, 알아내다

complete 완수하다
satisfy 충족하다
accomplish 완수하다, 성취하다
achieve 달성하다
succeed 성공하다
requirement 요구사항
experience 경험, 경력
track record 실적, 공적

find 찾다
source 조달하다
procure 조달하다
resourceful 재간 있는
capable 유능한
competent 능숙한
proficient 능통한

compound 악화하다
worsen 악화시키다
aggravate 악화시키다
exacerbate 악화시키다

refer 소개하다
recommend 추천하다
suitable 적합한
appropriate 적합한
make sure 확인하다
verify 확인하다
confirm 확인하다
assure 확인하다
ensure 확인하다

boost 북돋우다
enhance 향상시키다
reward 보상하다
strengthen 강화하다

task 직무, 과업
assignment 과제, 임무
project 과제
mission 임무
problem 문제
Issue 사안

client 고객
customer 고객
contractor 용역업체
competitor 경쟁사
manufacturer 제조사
producer 생산업체

**\* Fill in the blanks with the words below. Adjust tense or form as necessary.**

아래의 단어로 빈 칸을 채우십시오. 필요에 따라 시제 또는 형태를 조정하십시오.

| |
|---|
| capable / track record / procure / figure (something) out / think outside the box |

1. The football manager had a _____ of winning championships wherever he coached.

   그 축구 감독은 어디를 가도 우승을 하는 <u>실적</u>을 올렸다.

2. To understand the problem, you must _____.

   문제를 이해하려면 문제를 <u>파악</u>해야 한다.

3. We must _____ manufacturers to source production out to.

   우리가 생산을 발주할 제조사를 <u>조달</u>해야 한다.

4. Due to Apple's development of the iPod and iPhone under his leadership, Steve Jobs was considered to have _____.

   스티브 잡스는 그의 리더십 하에 애플이 아이팟과 아이폰을 개발한 덕분에, <u>색다른 시각의 사고를 했던</u> 사람으로 여겨졌다.

5. What is that factory's production capacity? Is it _____ of satisfying our requirement of 1 million units a month?

   그 공장의 생산능력은 어떻게 되는가? 우리가 필요한 월 1백만 개를 생산할 <u>능력이 되는가</u>?

**Answers |** 1. track record   2. figure it out   3. procure   4. thought outside the box   5. capable

* Translate the following Korean sentences into English by including the given word or expression in each problem. Adjust tense or form as necessary.

다음 한국어 문장들을 각 문제에 주어진 단어나 표현을 포함시켜 영어로 번역하십시오. 필요에 따라 시제 또는 형태를 조정하십시오.

1. 이 정보는 출처를 통해 검증되었는가? (verify)

_____

2. 고객사는 내가 그들을 위해 해준 일에 만족했고 나를 그들의 협력사에 추천해줬다. (refer)

_____

3. 기자는 시리아에서 전쟁을 취재할 임무를 부여 받았다. (assignment)

_____

4. 회계 감사를 하면서 회계사는 회사의 재무 기록에서 부정을 발견했다. (notice)

_____

5. 성취와 성공은 자신감을 북돋아 줄 수 있다. (enhance)

_____

Sample Answers

1. Has this information been <u>verified</u> with its source?
2. The client was satisfied with my work for them and <u>referred</u> me to their partner.
3. The reporter was given an <u>assignment</u> to cover the war in Syria.
4. While performing an audit, the accountant <u>noticed</u> irregularities in the company's financial records.
5. Achievement and success can <u>enhance</u> confidence.

# PART
# 06

# Responding to a Work-Related Question II

## 업무와 관련된 질문에 답변하기 II

PART 01  PART 02  PART 03  PART 04  PART 05   PART 06

PART 07  PART 08  PART 09  PART 10  PART 11  실전 모의고사

# PART 06

## Responding to a Work-Related Question II
### 업무와 관련된 질문에 답변하기 II

Part 6에서는 업무와 관련된 질문에 대해 답변해야 합니다. 30초의 준비시간이 주어지며, 1분의 답변 시간이 주어집니다.

## 6-1 유형 파악

🎧 **Directions:** Listen to the following question. You will have 30 seconds to think about your answer and one minute to speak. Give as much detail as possible. Now listen to the question.

.................................................................................................................

다음 질문을 들으십시오. 30초 동안 답변을 생각하고, 1분 동안 말할 시간이 주어질 것입니다. 세부 사항들을 최대한 많이 제공하십시오. 이제 질문을 들으십시오.

🎧 Whom do you look up to at work? Why do you look up to that person? Describe your answer using as much detail as possible.

.................................................................................................................

당신은 직장에서 누구를 존경합니까? 왜 그 사람을 존경하나요? 가능한 많은 세부사항을 포함하여 질문에 답하십시오.

🎧 **Now think about your answer.**  | 30sec

Preparation for your answer

Sample Answer

Of all the people I work with, I look up to my boss the most. I admire and respect my boss because of the way she is able to delegate tasks among the team and get excellent results.

As a leader, she trusts us to complete our tasks on time while producing high-quality results. Even if she has time to do the job herself, she knows how to distribute the task so that she will be available to manage other equally important concerns that may arise at the office, such as attending meetings, dealing with administrative matters, and overseeing the performance of the team. It must be hard to handle all of those tasks while assigning important work to us and motivating us to perform to the best of our abilities.

These are the reasons why I look up to my boss. She has great skills in leading us to produce our highest level of work for the attainment of our company goals.

Part 06

해석

저의 많은 직장동료 중에서 제가 가장 존경하는 사람은 저의 상사입니다. 팀원들에게 직무를 위임하고, 훌륭한 결과를 가져오는 방식 때문에 저는 저의 상사를 존경합니다.

리더로서 그녀는 우리가 시간에 맞춰 직무를 완수하고 좋은 결과를 만들어낼 것을 신뢰합니다. 자신이 그 직무를 직접 수행할 시간이 있더라도 회의 참석, 행정 문제 처리, 팀의 일과 감독과 같은 사무실에서 발생할 수 있는 동일하게 중요한 다른 문제를 처리할 수 있도록 그녀는 직무를 분배할 줄 압니다. 그렇게 자신의 직무를 맡으면서도 중요한 일을 우리에게 부여하고 우리가 능력껏 일할 수 있도록 동기까지 부여하는 것은 그녀에게 쉽지 않은 일일 것입니다.

제가 저의 상사를 존경하는 이유들을 이렇게 정리해봤습니다. 우리가 회사의 목표를 달성하기 위해 능력껏 일을 할 수 있도록 이끌어주는 훌륭한 능력을 그녀는 갖고 있습니다.

## 6-2 답변 구성 전략

6-1과 동일한 질문에 새로운 답변을 작성하며 답변 구성 전략을 파악해 보자.

🎧 Whom do you look up to at work? Why do you look up to that person? Describe your answer using as much detail as possible.

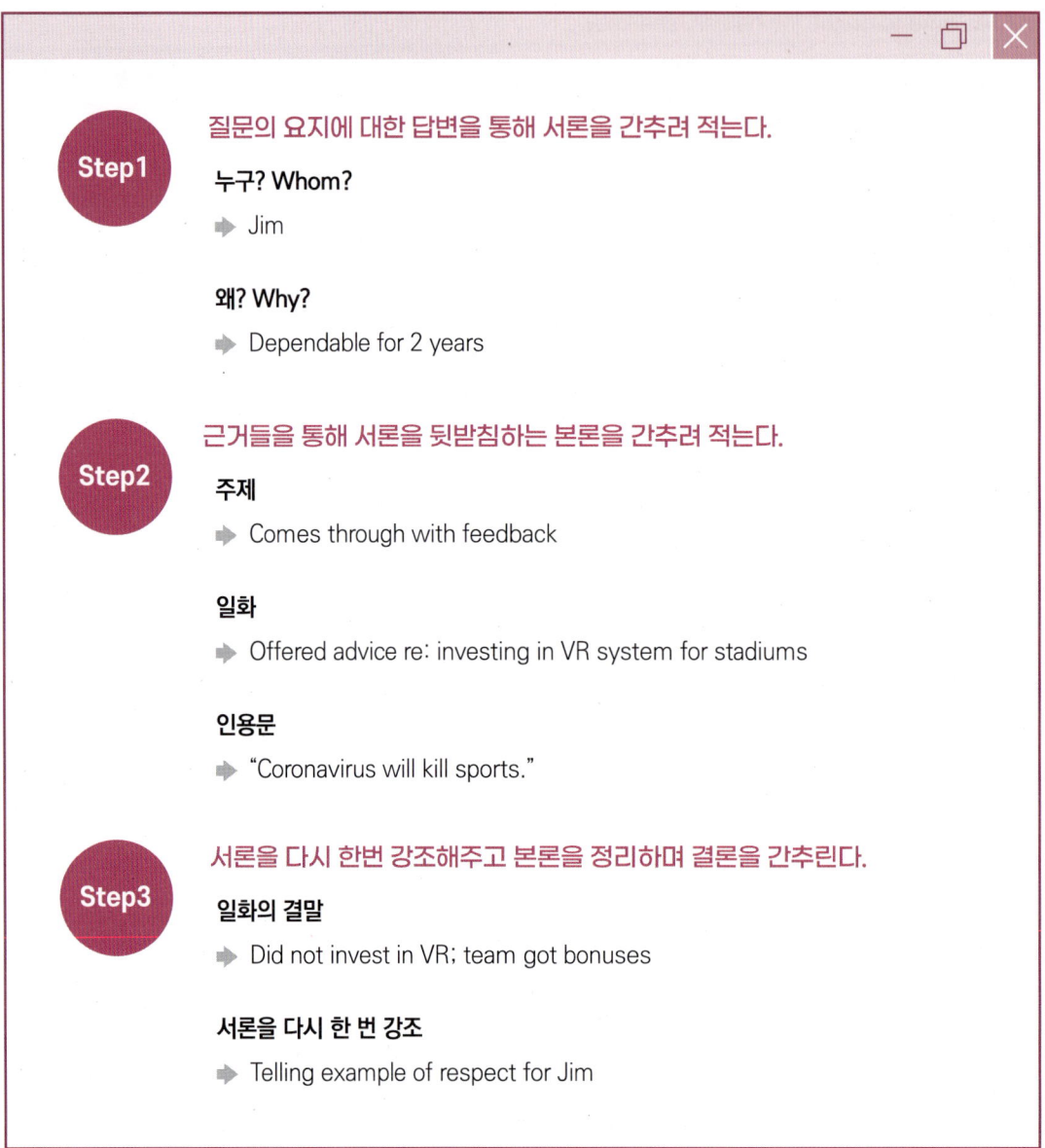

**Step1**

질문의 요지에 대한 답변을 통해 서론을 간추려 적는다.

**누구? Whom?**

➡ Jim

**왜? Why?**

➡ Dependable for 2 years

**Step2**

근거들을 통해 서론을 뒷받침하는 본론을 간추려 적는다.

**주제**

➡ Comes through with feedback

**일화**

➡ Offered advice re: investing in VR system for stadiums

**인용문**

➡ "Coronavirus will kill sports."

**Step3**

서론을 다시 한번 강조해주고 본론을 정리하며 결론을 간추린다.

**일화의 결말**

➡ Did not invest in VR; team got bonuses

**서론을 다시 한 번 강조**

➡ Telling example of respect for Jim

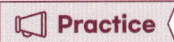 

**Step 1.** 질문의 요지에 대한 답변을 통해 서론을 만든다.

6질문의 요지는 '누구'와 '왜'로 나눌 수 있고, '누구'에 대한 한 문장, '왜'에 대한 한 문장으로 서론을 만들 수 있다. 질문에서 '누구'인지를 물어보는 부분은 "Whom do you look up to at work?"이다.

**Someone from work (whom\*) I (especially) look up to is ~.**
**저의 직장동료 중 제가 (특히) 존경하는 사람은 ~입니다.**

\*  여기서 'whom'은 생략해도 되지만 고급 표현이기 때문에 포함할 경우 점수를 더 높게 받을 수 있다. 포함시킬 경우 'who'가 아닌 'whom'을 꼭   사용하도록 하자\*\*.

\*\* whom과 who의 사용 경우를 맞게 구분하려면 whom 대신에 "him/her," who 대신에 "he/she"를 넣었을 때 문맥이 맞아야 한다.

**예)** Whom: I work with <u>him</u>. (o) ➡ Someone from work <u>whom</u> I⋯
       I work with <u>he</u>. (x)

   Who: <u>She</u> went to Busan. (o) ➡ It was she <u>who</u> went to Busan.
      <u>Her</u> went to Busan. (x)

➡ Someone from work whom I especially look up to is <u>my colleague Jim</u>.
   직장에서 제가 특히 존경하는 사람은 직장동료 짐 입니다.

질문에서 '왜'를 물어보는 부분은 "Why do you look up to that person?"이다.
이 때, 답변도 질문의 형식을 그대로 적용하면 된다.

**I look up to (누구) because (이유).**
**제가 (누구를) 존경하는 이유는 (이유) 때문입니다.**

➡ <u>I look up to Jim because of</u> how dependable he has been during the two years we've been work-
   ing together.
   <u>제가 짐을 존경하는 이유는</u> 그와 함께 일해온 2년 동안 제가 본 그의 신뢰성 <u>때문입니다.</u>

**Step 2.** 근거들(details)을 통해 서론을 뒷받침하는 본론을 만든다.

6-1에서 제시한 질문에 대한 답변의 경우, 본론의 구연 방식이 서론이나 개개인의 경험에 따라 다양한 형태를 띨 수 있기 때문에 문장에 대한 빈출 유형까지 제공하기는 어렵다. 그러나 본론의 전반적인 구조는 다음 방식을 따르면 된다.

**1** 본론의 주제 문장을 만든다.

➡ Each time we've needed decisive feedback during an important project, Jim has come through with his insight and ingenuity.

저희가 중요한 프로젝트에서 결정적인 피드백이 필요할 때마다 짐은 통찰력과 독창성을 발휘해 이를 제공했습니다.

**2** 주제 문장을 일화로 뒷받침한다.

➡ Recently, while deciding whether our company should invest in a virtual reality system for sporting events and stadiums, Jim offered the best piece of advice.

최근에 우리 회사가 스포츠 행사 및 경기장을 위한 가상현실 시스템에 투자해야 하는지를 결정하고 있을 때 짐은 최고의 조언을 해줬습니다.

| 인상적인 답변을 하기 위해 답변의 주인공을 인용해도 좋다. |

➡ He said, "The coronavirus outbreak will kill spectator sports. Without spectators in the stadium, no one will want to watch sports on TV anymore. It will take years until virtual reality will be ready and spectator sports will be dead by then."

그는 "코로나바이러스 발병은 관중 스포츠를 죽일 겁니다. 경기장에 관중이 없으면 누구도 더 이상 TV로 스포츠를 시청하고 싶어하지 않을 겁니다. 가상현실이 준비되기까지는 몇 년이 걸릴 것이고 그 때 관중 스포츠는 이미 죽어 있을 겁니다." 라고 말했습니다.

## Step 3. 서론을 다시 한 번 강조해주고 본론을 정리하며 답변을 결론으로 마무리한다.

결론도 본론과 마찬가지로 서사적 storytelling부터 정형화된 논술까지 개개인의 경험에 따라 다양한 형태를 띨 수 있기 때문에 전반적인 구조만을 여기서 다루도록 하겠다.

| 결론에서는 본론에서 언급한 일화의 결말을 말해주면 된다. |

➡ Needless to say, our company didn't invest in the virtual reality system for sporting events and stadiums. Moreover, because we saved our company a ton of money, our team members received bonuses.

말할 필요도 없이, 우리 회사는 스포츠 행사와 경기장을 위한 가상현실 시스템에 투자하지 않았습니다. 또한, 회사가 큰 돈을 아낄 수 있게 해준 댓가로 저희 팀원들은 보너스를 지급받았습니다.

| 답변의 마지막 문장은 서론을 다시 한 번 강조하며 답변을 마무리 지으면 된다. |

➡ It was a small but telling example of why I look up to my colleague Jim.
이는 제 동료 짐을 제가 존경하는 작지만 인상적인 예였습니다.

Someone from work whom I especially look up to is my colleague Jim. I look up to Jim because of how dependable he has been during the two years we've been working together.

Each time we've needed decisive feedback during an important project, Jim has come through with his insight and ingenuity. Recently, while deciding whether our company should invest in a virtual reality system for sporting events and stadiums, Jim offered the best piece of advice. He said, "The coronavirus outbreak will kill spectator sports. Without spectators in the stadium, no one will want to watch sports on TV anymore. It will take years until virtual reality will be ready and spectator sports will be dead by then."

Needless to say, our company didn't invest in the virtual reality system for sporting events and stadiums. Moreover, because we saved our company a ton of money, our team members received bonuses. It was a small but telling example of why I look up to my colleague Jim.

Part 06

**해석**

직장에서 제가 특히 존경하는 사람은 직장동료 짐 입니다. 제가 짐을 존경하는 이유는 그와 함께 일해온 2년 동안 제가 본 그의 신뢰성 때문입니다.

저희가 중요한 프로젝트에서 결정적인 피드백이 필요할 때마다 짐은 통찰력과 독창성을 발휘해 이를 제공했습니다. 최근에 우리 회사가 스포츠 행사 및 경기장을 위한 가상현실 시스템에 투자해야 하는지를 결정하고 있을 때 짐은 최고의 조언을 해줬습니다. 그는 "코로나바이러스 발병은 관중 스포츠를 죽일 겁니다. 경기장에 관중이 없으면 누구도 더 이상 TV로 스포츠를 시청하고 싶어하지 않을 겁니다. 가상현실이 준비되기까지는 몇 년이 걸릴 것이고 그때 관중 스포츠는 이미 죽어 있을 겁니다." 라고 말했습니다.

말할 필요도 없이, 우리 회사는 스포츠 행사와 경기장을 위한 가상현실 시스템에 투자하지 않았습니다. 또한, 회사가 큰 돈을 아낄 수 있게 해준 대가로 저희 팀원들은 보너스를 지급받았습니다. 이는 저의 동료 짐을 제가 존경하는 작지만 인상적인 예였습니다.

**Vocabulary**

---

**look up to** 우러러보다, 존경하다
**admire** 존경하다
**respect** 존경하다, 존중하다
**think highly of** 높이 평가하다
**regard highly** 중시하다

................................................

**boss** 상사
**colleague** 동료
**co-worker** 동료
**director** 이사

................................................

**delegate** 위임하다
**distribute** 분배하다
**entrust** 맡기다
**authorize** 권한을 부여하다
**oversee** 감독하다
**supervise** 감독하다
**administer** 관리하다
**manage** 관리하다
**motivate** 동기를 부여하다

................................................

**dependable** 신뢰할 수 있는
**reliable** 신뢰할 수 있는
**trustworthy** 믿을 수 있는
**responsible** 책임감 있는, 책임이 있는
**decisive** 결정적인, 결단력 있는

---

**concern** 문제, 관심사
**matter** 사안, 안건, 문제

................................................

**insight** 통찰력
**ingenuity** 독창성
**acumen** 감각, 수완(手腕)
**advice** 조언 / **advise** 조언하다

................................................

**needless to say** 말할 것도 없이
**unsurprisingly** 아니나 다를까
**expectedly** 예상대로
**of course** 물론

---

**telling** 효과적인, 인상적인
**revealing** 의미심장한, 인상적인
**convincing** 설득력 있는, 실감 나는
**significant** 중요한
**meaningful** 의미 있는

---

## * Fill in the blanks with the words below. Adjust tense or form as necessary.

아래의 단어로 빈 칸을 채우십시오. 필요에 따라 시제 또는 형태를 조정하십시오.

> authorize / reveal / responsible / significant / acumen

1. Let's not fight over this matter. It is not _____ .

    이 문제 가지고 싸우지 말자. 중요하지 않으니까.

2. Due to his success in the New York real estate market, Donald Trump is regarded as having a great business _____ .

    도널드 트럼프는 뉴욕 부동산 시장에서 성공한 덕에 사업 수완을 인정받고 있다.

3. The agent is _____ by nine football players to negotiate their contracts on their behalf.

    그 에이전트는 9명의 축구 선수들에게서 그들의 계약을 대신 협상해줄 권한을 부여 받았다.

4. The congressman's silence when asked for his opinion on the new bill was highly _____ .

    법안에 대한 그의 의견을 질문 받았을 때 국회의원의 침묵은 아주 인상적이었다.

5. The court ruled that the contractor was not _____ for the company's server failure.

    법원은 용역업체가 회사 서버의 오류에 대한 책임이 없다고 판결을 내렸다.

**Answers** | 1. significant  2. acumen  3. authorized  4. revealing  5. responsible

* Translate the following Korean sentences into English by including the given word or expression in each problem. Adjust tense or form as necessary.

다음 한국어 문장들을 각 문제에 주어진 단어나 표현을 포함시켜 영어로 번역하십시오. 필요에 따라 시제 또는 형태를 조정하십시오.

1. 스타트업 회사는 적자 출혈을 하고 있었다. 아니나 다를까 그 회사는 3개월 후에 문을 닫았다.
   (unsurprisingly)

   _____

2. 오늘 오전 이사회에서 언급된 사안으로 인해 회사 전체에 긴장감이 돌았다. (matter)

   _____

3. 영화 〈Full Metal Jacket〉에서 배우 R. Lee Ermey의 교관 연기는 그가 전 해병대 교관이어서 매우 실감이
   났다. (convincing)

   _____

4. 나의 새로운 직장동료는 경쟁사에서 근무했으며, 그들의 사고방식에 대한 통찰력을 제공할 수 있었다.
   (insight)

   _____

5. 일화적 증거는 통계자료에 의미 있는 맥락을 제공할 수 있다. (meaningful)

   _____

### Sample Answers

1. The startup company was bleeding money. Unsurprisingly, it closed three months later.

2. The entire company was tense over the matter brought up at the board meeting this morning.

3. Actor R. Lee Ermey's performance as a drill instructor in the film *Full Metal Jacket* was extremely convincing because he was a former Marine drill instructor.

4. My new colleague used to work for a competitor and was able to provide insight into their way of thinking.

5. Anecdotal evidence can provide meaningful context to statistical data.

# PART
# 07

# Role-Playing

## 롤플레잉

# PART 07 Role-Playing 롤플레잉

Part 7에서는 설정된 상황에서 가상의 질문자의 대화형 질문 약 7~10개에 각각 답변을 해야 하며, 질문의 내용은 회사생활 및 업무와 관련된 질문들이 대부분입니다. 각 문항 마다 25초의 답변 시간이 주어지며, 답변을 준비할 시간은 별도로 주어지지 않습니다.

## 7-1 유형 파악

🎧 Directions: Imagine that you have recently hired a new employee to join your team. You are now having lunch with her at the cafeteria, and she will ask you a few questions about her tasks and responsibilities.

················································································································

당신이 최근에 당신의 팀에 합류할 새로운 직원을 고용했다고 가정하십시오. 당신은 지금 그녀와 카페테리아에서 점심을 먹고 있고, 그녀는 그녀의 업무와 책임에 대해 몇 가지 질문을 할 것입니다.

🎧 **Q1** Thank you for treating me to lunch. Everyone has been so kind to me! I really want to make sure that I do things right. Could you please explain what our main task is? |25sec

점심을 사주셔서 감사합니다. 모두 제게 너무 친절한 것 같습니다! 저는 정말 올바르게 일을 하고 싶습니다. 우리의 주요 직무가 무엇인지 설명해 주시겠습니까? |25초

**Sample Answer**

As market researchers, our main task is to study the behavior of the market and make recommendations to the company based on our assessments. We have to make sure that we perform extensive market research by noting down and analyzing all the pertinent details. We also need to come up with insight about the market and approach things with good judgment and objectivity so that we can provide the company with valid proposals.

시장조사원으로서 우리의 주 직무는 시장의 동향을 연구하고 평가를 바탕으로 회사에 자문을 하는 것입니다. 우리는 모든 관련 세부사항을 기록하고 분석해서 폭넓은 시장조사를 수행해야 합니다. 또한, 우리는 회사에 타당한 제안을 할 수 있도록 시장에 대한 통찰력을 확보하고 높은 식견과 객관성을 가지고 접근해야 합니다.

---

**Q2** Wow, that's a lot of responsibility. I'd like to get caught up on our current projects as soon as possible. What resource materials should I read, and where can I go to get them? | 25sec

와, 정말 많은 책임이군요. 저는 현재 진행 중인 우리의 프로젝트에 최대한 빨리 따라잡고 싶습니다. 제가 어떤 자료를 읽어야 하며, 읽어야 할 자료는 어디서 구할 수 있습니까? | 25초

**Sample Answer**

During the orientation, your supervisor will provide you with the resource materials that will be helpful in updating you on our present projects. Aside from that, we have an interoffice database where you can access more information should you have any other questions. And of course, you can use our website to search for our projects and operations. They are all readily accessible.

**해석**

오리엔테이션 동안, 당신의 감독관은 당신이 현재의 프로젝트에 대해 정보를 갱신하는 데에 유용한 자료를 제공할 것입니다. 그 외에도, 당신이 다른 질문이 있을 경우 더 많은 정보를 접속할 수 있는 사내 데이터베이스가 있습니다. 그리고 물론 우리 회사의 웹사이트를 이용해 우리의 프로젝트 및 운영 현황을 검색할 수 있습니다. 그것들은 모두 접근하기 쉽게 돼있습니다.

---

**Q3** Okay, thanks. I'll get on that right away. I'd also like to get to know our team members better. Can you tell me a little about them? What are their likes and dislikes? | 25sec

네, 감사합니다. 바로 확인해 보겠습니다. 그리고 저는 우리 팀원들에 대해 더 잘 알았으면 합니다. 그들에 대해 조금 말씀해 주시겠습니까? 그들이 좋아하고 싫어하는 것은 무엇입니까? | 25초

First, there is the team manager. She likes to have assignments turned in on time and dislikes tardiness, so you really have to pay attention to deadlines.

You'll also be assigned to a team leader. Your team leader likes people who show initiative. He doesn't like members who just wait to be told what to do and don't find ways to perform their tasks effectively on their own.

And of course, you have the members of your team. All the team members like to achieve their assigned tasks, so they don't approve of colleagues who cause delays and other obstacles to the attainment of the team's goals.

**해석**

우선은 팀 관리자가 있습니다. 그녀는 작업을 정시에 제출하는 것을 좋아하고 지연되는 것을 싫어하기 때문에 마감일에 정말 신경을 써야할 것 같습니다.

당신은 또한 팀장 밑에 배정이 될 것입니다. 팀장은 솔선수범하는 사람들을 좋아합니다. 그는 지시만을 기다리고 자신의 업무를 효과적으로 수행할 방법을 찾지 못하는 팀원들을 좋아하지 않습니다.

그리고 물론 팀원들도 있습니다. 모든 팀원들은 각자에게 주어진 직무를 완수하기를 원하기 때문에 팀 목표의 달성을 지체하거나 이에 장애를 일으키는 동료를 탐탁해 하지 않습니다.

**🎧Q4** That's very helpful. What about training? Will there be a training program to help us improve our skills and enhance our knowledge? What topics will it cover? | 25sec

도움이 많이 되는군요. 교육은요? 저희가 능력을 향상시키고 지식을 습득하는 데 도움이 되는 교육 프로그램은 있습니까? 그 교육 프로그램은 어떤 주제를 다룹니까? | 25초

**Sample Answer**

Yes, you will have regular professional development training programs. The training sessions usually cover leadership skills, organizational skills, negotiation skills, and of course, management skills.

**해석**

네, 정기 직업능력 교육 프로그램을 시행하고 있습니다. 이 교육은 보통 리더십 기술, 조직 기술, 협상 기술, 그리고 물론 경영 능력에 대해서도 다룹니다.

**🎧 Q5** Fantastic! Also, who or what department should I go to when I need office supplies? Is there a specific process I should follow?  | 25sec

좋습니다! 그리고 사무용품이 필요할 때 누구 또는 어떤 부서에 가야하지요? 제가 따라야 할 특별한 절차가 있나요?  | 25초

**Sample Answer**

You can make requests for office supplies to the Human Resources Department. Our company is quite well-stocked in terms of our office needs. The request process is not complicated. You just have to write your name in the logbook and indicate what office supplies you need, then the HR manager will give them to you.

**해석**

사무용품은 인사팀에 요청하면 됩니다. 우리 회사는 사무용품이 업무의 필요성에 맞게 상당히 잘 갖춰져 있습니다. 요청 절차는 복잡하지 않습니다. 단지 장부에 당신의 이름을 적고 필요한 사무용품을 기재하면 인사담당자가 당신에게 줄 것입니다.

Part 07

**🎧 Q6** Okay, I'll take a note of that. What about team meetings? How often will we have one and what is generally discussed during meetings?  | 25sec

네, 메모 해두겠습니다. 그럼 팀 회의는요? 우리는 얼마나 자주 회의를 갖게 될 것이며, 회의 중에 일반적으로 논의되는 내용은 무엇입니까?  | 25초

**Sample Answer**

We hold team meetings every Monday to discuss project turnovers and weekly updates. We usually talk about pending projects, deadlines, difficulties being encountered, and solutions during these meetings. We also occasionally have emergency meetings when urgent matters come up that we have to resolve immediately.

**해석**

우리는 매주 월요일에 팀 회의를 해 프로젝트 매출과 최신 주간 정보를 논의합니다. 우리는 보통 회의 중에 미결 프로젝트, 마감일, 겪고 있는 어려움과 해결책에 대해 이야기합니다. 또한, 바로 해결해야 되는 긴급한 문제가 발생하면 긴급 회의를 하게 되는 경우도 있습니다.

**🎧 Q7** Okay, I'll make sure to be well-prepared. Is there a manual of office policies and procedures? I'd like to familiarize myself with the company's rules and regulations. Where can I go to get one?  | 25sec

알겠습니다. 잘 준비하도록 하겠습니다. 직장 정책과 절차에 대한 지침서는 있습니까? 저는 사내 규칙과 규정에 익숙해지고 싶습니다. 어디서 한 부 구할 수 있나요?  | 25초

**Sample Answer**

Yes, there is a manual of office policies and procedures. The HR manager will send you a copy via your company email. You will probably receive it next week as part of the orientation program for new hires.

**해석**

네, 직장 정책과 절차에 대한 지침서가 있습니다. 지침서는 인사담당자가 회사 이메일을 통해 한 부 보내줄 것입니다. 다음 주에 새로이 고용된 사원을 위한 오리엔테이션 프로그램의 일부로 받게 될 것입니다.

---

**🎧 Q8** Great! You have been really helpful. I'd like to have dinner with you if you are free tonight. Which restaurant would you recommend, and what kind of food does it serve?  | 25sec

훌륭합니다! 오늘 정말 도움을 많이 주셨습니다. 오늘 저녁에 시간이 되신다면 식사를 같이 하는 건 어떨까요? 어떤 식당을 추천하시겠으며, 그 식당은 어떤 음식을 제공하나요?  | 25초

**Sample Answer**

Sure. We can go to Gongsugan, which serves the best Korean street food in town.

**해석**

그럽시다. 시내에서 제일 맛있는 한국 길거리 음식을 제공하는 공수간에 가지요.

🎧 Thank you so much. I have learned a lot from you.
정말 감사합니다. 당신으로부터 많은 것을 배웠습니다.

## 7-2 답변 구성 전략

Part 7의 질문들에서 인사나 감탄사 같은 사담적인 내용을 찾아볼 수 있다. 이를 제외하고, 질문의 요지를 집중해서 듣는 연습을 하도록 하자.

**Q1** ~~Thank you for treating me to lunch. Everyone has been so kind to me! I really want to make sure that I do things right.~~ Could you please explain what our main task is?

점심을 사주셔서 감사합니다. 모두 제게 너무 친절한 것 같습니다! 저는 정말 올바르게 일을 하고 싶습니다. 우리의 주요 직무가 무엇인지 설명해 주시겠습니까?

**Q2** ~~Wow, that's a lot of responsibility.~~ I'd like to get caught up on our current projects as soon as possible. What resource materials should I read, and where can I go to get them?

와, 정말 많은 책임이군요. 저는 현재 진행 중인 우리의 프로젝트에 최대한 빨리 따라잡고 싶습니다. 제가 어떤 자료를 읽어야 하며 읽어야 할 자료는 어디서 구할 수 있습니까?

**Q3** ~~Okay, thanks. I'll get on that right away.~~ I'd also like to get to know our team members a little better. Can you tell me a little about them? What are their likes and dislikes?

네, 감사합니다. 바로 확인해 보겠습니다. 그리고 저는 우리 팀원들에 대해 더 잘 알았으면 합니다. 그들에 대해 조금 말씀해 주시겠습니까? 그들이 좋아하고 싫어하는 것은 무엇입니까?

**Q4** ~~That's very helpful. What about training?~~ Will there be a training program to help us improve our skills and enhance our knowledge? What topics will it cover?

도움이 많이 되는군요. 교육은요? 저희가 능력을 향상시키고 지식을 습득하는 데 도움이 되는 교육 프로그램은 있습니까? 그 교육 프로그램은 어떤 주제를 다룹니까?

**Q5** ~~Fantastic! Also,~~ who or what department should I go to when I need office supplies? Is there a specific process I should follow?

좋습니다! 그리고 사무용품이 필요할 때 누구 또는 어떤 부서에 가야하지요? 제가 따라야 할 특별한 절차가 있나요?

**Q6** Okay, I'll take a note of that. What about team meetings? How often will we have one and what is generally discussed during meetings?

네, 참고하겠습니다. 그럼 팀 회의는요? 우리는 얼마나 자주 회의를 갖게 될 것이며, 회의 중에 일반적으로 논의되는 내용은 무엇입니까?

**Q7** Okay, I'll make sure to be well-prepared. Is there a manual of office policies and procedures? I'd like to familiarize myself with the company's rules and regulations. Where can I go to get one?

알겠습니다. 잘 준비하도록 하겠습니다. 직장 정책과 절차에 대한 지침서는 있습니까? 저는 사내 규칙과 규정에 익숙해지고 싶습니다. 어디서 한 부 구할 수 있나요?

**Q8** Great! You have been really helpful. I'd like to have dinner with you if you are free tonight. Which restaurant would you recommend, and what kind of food does it serve?

훌륭합니다! 오늘 정말 도움을 많이 주셨습니다. 오늘 저녁에 시간이 되신다면 식사를 같이 하는 건 어떨까요? 어떤 식당을 추천하시겠으며, 그 식당은 어떤 음식을 제공하나요?

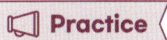 

Step 1. 질문의 요지에 답변한다.
Step 2. 근거 등 부연 설명을 추가한다.

**Q1** Could you please explain what our main task is?

우리의 주요 직무가 무엇인지 설명해 주시겠습니까?

### Step 1

➡ As market researchers, our main task is to study the behavior of the market and make recommendations to the company based on our assessments.

시장조사원으로서 우리의 주 직무는 시장의 동향을 연구하고 평가를 바탕으로 회사에 자문을 하는 것입니다.

### Step 2

➡ We have to make sure that we perform extensive market research by noting down and analyzing all the pertinent details. We also need to come up with insight about the market and approach things with good judgment and objectivity so that we can provide the company with valid proposals.

우리는 모든 관련 세부사항을 기록하고 분석해서 폭넓은 시장조사를 수행해야 합니다. 또한, 우리는 회사에 타당한 제안을 할 수 있도록 시장에 대한 통찰력을 확보하고 높은 식견과 객관성을 가지고 접근해야 합니다.

**Q2** I'd like to get caught up on our current projects as soon as possible.

What resource materials should I read, and where can I go to get them?

저는 현재 진행 중인 우리의 프로젝트에 최대한 빨리 따라잡고 싶습니다. 제가 어떤 자료를 읽어야 하며 읽어야 할 자료는 어디서 구할 수 있습니까?

### Step 1

➡ During the orientation, your supervisor will provide you with the resource materials that will be helpful in updating you on our present projects.

오리엔테이션 동안, 당신의 감독관은 당신이 현재의 프로젝트에 대해 정보를 갱신하는 데에 유용한 자료를 제공할 것입니다.

## Step 2

➡ Aside from that, we have an interoffice database where you can access more information should you have any other questions. And of course, you can use our website to search for our projects and operations. They are all readily accessible.

그 외에도, 당신이 다른 질문이 있을 경우 더 많은 정보를 접속할 수 있는 사내 데이터베이스가 있습니다. 그리고 물론 우리 회사의 웹사이트를 이용해 우리의 프로젝트 및 운영 현황을 검색할 수 있습니다. 그것들은 모두 접근하기 쉽게 돼있습니다.

---

**Q3** I'd also like to get to know our team members a little better. Can you tell me a little about them? What are their likes and dislikes?

그리고 저는 우리 팀들에 대해 좀 더 잘 알았으면 합니다. 그들에 대해 조금 말씀해 주시겠습니까? 그들이 좋아하고 싫어하는 것은 무엇입니까?

## Step 1

➡ First, there is the team manager. She likes to have assignments turned in on time and dislikes tardiness, so you really have to pay attention to deadlines.

우선은 팀 관리자가 있습니다. 그녀는 작업을 정시에 제출하는 것을 좋아하고 지연되는 것을 싫어하기 때문에 마감일에 정말 신경을 써야할 것 같습니다.

## Step 2

➡ You'll also be assigned to a team leader. Your team leader likes people who show initiative. He doesn't like members who just wait to be told what to do and don't find ways to perform their tasks effectively on their own.

And of course, you have the members of your team. All the team members like to achieve their assigned tasks, so they don't approve of colleagues who cause delays and other obstacles to the attainment of the team's goals.

당신은 또한 팀장 밑에 배정이 될 것입니다. 팀장은 솔선수범하는 사람들을 좋아합니다. 그는 지시만을 기다리고 자신의 업무를 효과적으로 수행할 방법을 찾지 못하는 팀원들을 좋아하지 않습니다.

그리고 물론 팀원들도 있습니다. 모든 팀원들은 각자에게 주어진 직무를 완수하기를 원하기 때문에 팀 목표의 달성을 지체하거나 이에 장애를 일으키는 동료를 탐탁해 하지 않습니다.

**Q4** **Will there be a training program to help us improve our skills and enhance our knowledge?**

저희가 능력을 향상시키고 지식을 습득하는 데 도움이 되는 교육 프로그램은 있습니까?

### Step 1

➡ Yes, you will have regular professional development training programs.

네, 정기 직업능력 교육 프로그램을 시행하고 있습니다.

**What topics will it cover?**

그 교육 프로그램은 어떤 주제를 다룹니까?

### Step 2

➡ The training sessions usually cover leadership skills, organizational skills, negotiation skills, and of course, management skills.

이 교육은 보통 리더십 기술, 조직 기술, 협상 기술, 그리고 물론 경영 능력에 대해서도 다룹니다.

**Q5** **Who or what department should I go to when I need office supplies?**

사무용품이 필요할 때 누구 또는 어떤 부서에 가야하지요?

### Step 1

➡ You can make requests for office supplies to the Human Resources Department. Our company is quite well-stocked in terms of our office needs.

사무용품은 인사팀에 요청하면 됩니다. 우리 회사는 사무용품이 업무의 필요성에 맞게 상당히 잘 갖춰져 있습니다.

**Is there a specific process I should follow?**

제가 따라야 할 특별한 절차가 있나요?

### Step 2

➡ The request process is not complicated. You just have to write your name in the logbook and indicate what office supplies you need, then the HR manager will give them to you.

요청 절차는 복잡하지 않습니다. 단지 장부에 당신의 이름을 적고 필요한 사무용품을 기재하면 인사담당자가 당신에게 줄 것입니다.

**Q6** What about team meetings? How often will we have one?

그럼 팀 회의는요? 우리는 얼마나 자주 회의를 갖게 될 것입니까?

### Step 1

➡ We hold team meetings every Monday to discuss project turnovers and weekly updates.

우리는 매주 월요일에 팀 회의를 해 프로젝트 매출과 최신 주간 정보를 논의합니다.

**What is generally discussed during meetings?**

회의 중에 일반적으로 논의되는 내용은 무엇입니까?

### Step 2

➡ We usually talk about pending projects, deadlines, difficulties being encountered, and solutions during these meetings. We also occasionally have emergency meetings when urgent matters come up that we have to resolve immediately.

우리는 보통 회의 중에 미결 프로젝트, 마감일, 겪고 있는 어려움과 해결책에 대해 이야기합니다. 또한, 바로 해결해야 되는 긴급한 문제가 발생하면 긴급 회의를 하게 되는 경우도 있습니다.

**Q7** Is there a manual of office policies and procedures?

직장 정책과 절차에 대한 지침서는 있습니까?

### Step 1

➡ Yes, there is a manual of office policies and procedures.

네, 직장 정책과 절차에 대한 지침서가 있습니다.

**I'd like to familiarize myself with the company's rules and regulations. Where can I go to get one?**

저는 사내 규칙과 규정에 익숙해지고 싶습니다. 어디서 한 부 구할 수 있나요?

### Step 2

➡ The HR manager will send you a copy via your company email. You will probably receive it next week as part of the orientation program for new hires.

지침서는 인사담당자가 회사 이메일을 통해 한 부 보내줄 것입니다. 다음 주에 새로이 고용된 사원을 위한 오리엔테이션 프로그램의 일부로 받게 될 것입니다.

**Q8** I'd like to have dinner with you if you are free tonight. Which restaurant would you recommend, and what kind of food does it serve?

오늘 저녁에 시간이 되신다면 식사를 같이 하는 건 어떨까요? 어떤 식당을 추천하시겠으며, 그 식당은 어떤 음식을 제공하나요?

➡ Sure. We can go to Gongsugan, which serves the best Korean street food in town.

그럽시다. 시내에서 제일 맛있는 한국 길거리 음식을 제공하는 공수간에 가지요.

# Vocabulary

behavior 행동

recommendation 추천

assessment 평가

perform 수행하다

extensive 폭넓은

market research 시장조사

note down 적어 두다

pertinent 적절한, 관련 있는

details 세부 사항

judgment 판단

objectivity 객관성

valid 타당한

resource 자원

materials 자료

aside from ~외에는

interoffice 사내

operations 영업활동

readily 손쉽게

accessible 접속 가능한

effectively 효과적으로

delay 지연, 미루다, 연기하다

obstacle 장애물

attainment 달성

turn in 제출하다

on time 제시간에

tardiness 지각

initiative 전취성, 주도

approve 탐탁하다, 괜찮다고 생각하다, 찬성하다

professional development 직업능력 신장

training session 교육시간

office supplies 사무용품

stock 비축하다

process 과정, 절차

complicated 복잡한

logbook 장부, 일지

indicate 나타내다, (손가락 등으로) 가리키다

discuss 논의하다

project turnover 프로젝트 매출

pending 미결 상태인

emergency 비상, 긴급

urgent 시급한

resolve 해결하다

immediately 즉시

manual 지침서, 설명서

policy 정책

procedure 절차

new hire 신규 채용자

**\* Fill in the blanks with the words below. Adjust tense or form as necessary.**

아래의 단어로 빈 칸을 채우십시오. 필요에 따라 시제 또는 형태를 조정하십시오.

> indicate / recommendation / new hire / aside from / turn in

1. Michael received a letter of _____ for promotion based on his success turning a profit on this project.

   마이클은 이번 프로젝트에서 이익을 얻어내는 데에 성공해 승진 추천서를 받았다.

2. _____ understandable differences of opinion on how to execute projects, we get along fantastically.

   프로젝트 실행 방법에 대한 이해할 만한 의견 차이를 제외하면, 우리의 관계는 환상적이다.

3. Let's meet after Wednesday, when I must _____ my report.

   내가 보고서를 수요일에 제출해야 하니 그 날 이후에 만나자.

4. With a hand sign, the catcher _____ to the pitcher what pitch to throw.

   손 신호로 포수가 투수에게 던질 공을 가리켰다.

5. _____ include everyone recently hired to work at the company: both rookies and veterans.

   신규채용자는 최근에 회사에서 일하기 위해 고용된 신입사원들과 경력사원들이 모두 포함된다.

**Answers |**   1. recommendation   2. Aside from   3. turn in   4. indicated   5. new hires

* Translate the following Korean sentences into English by including the given word or expression in each problem. Adjust tense or form as necessary.

다음 한국어 문장들을 각 문제에 주어진 단어나 표현을 포함시켜 영어로 번역하십시오. 필요에 따라 시제 또는 형태를 조정하십시오.

1. 이봐, 내가 지금 바쁘니까 이걸 적어 뒀다가 있다가 할게. (note down)

_____

2. 소라는 원자료에서 그녀의 보고서에 적절한 정보를 발췌하느라 밤을 새웠다. (pertinent)

_____

3. 우리 팀장님은 워낙 무뚝뚝해서 침묵으로 탐탁해 하신다는 것을 보여주신다. (approve)

_____

4. 죄송하지만 그 프로젝트에 대한 승인 상태는 아직 미결입니다. 저희가 너무 바빠 아직 검토할 시간이 없었습니다. (pending)

_____

5. 박 선생님께 문제가 시급하기 때문에 가능한 빨리 제게 전화하라고 말해 주시겠습니까? (urgent)

_____

### Sample Answers

1. Look, I'm busy right now so I'll <u>note this down</u> and get back to it later.

2. Sora spent all night extracting information from the raw data that was <u>pertinent</u> to her report.

3. My team captain is quite curt and silence is his way of showing that he <u>approves</u>.

4. I'm afraid the approval status on that project is still <u>pending</u>. We've been so busy we haven't been able to review it yet.

5. Would you please tell Mr. Park that the matter is <u>urgent</u> and to give me a call as soon as possible?

G-TELP

# PART
# 08

# Defining and Using a Business Term in a Sentence

## 비즈니스 용어 정의 및 사용

# PART 08

# Defining and Using a Business Term in a Sentence
## 비즈니스 용어 정의 및 사용

Part 8에는 주어진 단어 중 한 개를 선택해서 단어의 정의 및 품사를 말하고, 그 단어를 사용한 문장을 만들어야 합니다. 30초의 준비시간이 주어지며, 1분 30초의 답변 시간이 주어집니다.

## 8-1 유형 파악

🎧 **Directions:** Choose one word from the list below.

아래 단어들 중에서 하나를 선택하십시오.

First, DEFINE the word.
첫째, 단어를 정의하십시오.

Second, STATE whether the word is used as a noun, a verb, an adjective, or an adverb.
둘째, 단어가 명사, 동사, 형용사 또는 부사로 사용되는지 여부를 명시하십시오.

Third, USE the word correctly in a sentence.
셋째, 문장에서 단어를 올바르게 사용하십시오.

You will have 30 seconds to think about your answer, and 90 seconds to speak. An *example has been done for you.
30초 동안 답을 생각하고, 90초 동안 말할 시간이 주어질 것입니다. 당신을 위한 예제가 있습니다.

---

| efficiency | layoff | adversely | domestic | produce |
|:---:|:---:|:---:|:---:|:---:|
| 효율성 | 해고 | 불리하게 | 국내의 | 생산하다 |

🎧 *Example: Defining, Stating, and Using the word "supply"*

– **DEFINITION:** "'Supply' means an amount of something."

– **DESCRIBE:** "In this sense, the word 'supply' is a noun."

– **EXAMPLE:** "The supply of oil in the world is low."


*예제: "Supply"라는 단어를 정의하고 표명하고 응용하기*

– **정의하기:** "'공급'은 무언가의 물량을 의미한다."

– **표명하기:** "이런 의미에서 '공급'이라는 단어는 명사이다."

– **응용하기:** "세계의 석유 공급이 낮다."


🎧 **Now think about your answer.** ㅣ30sec

Preparation for your answer

🎧 Now choose a word, define it, state it, and use it. You have 90 seconds.

Sample Answer

The word I choose is "efficiency."

"Efficiency" is the ability to complete a task with the best results and without wasting resources. There is efficiency when a job is done well within the shortest possible time with the least amount of waste in resources and manpower.

"Efficiency" is a noun.

To use "efficiency" in a sentence: *Our team was able to achieve efficiency during our market research by assigning each member a task that he or she specializes in. This way, we were able to come up with an optimal recommendation ahead of our deadline.*

해석

제가 선택한 단어는 "효율성"입니다.

"효율성"은 자원을 낭비하지 않고 최상의 결과로 작업을 완수할 수 있는 능력입니다. 자원과 인력의 낭비를 최소화하면서 최대한 짧은 시간 내에 작업을 완수할 때 효율성이 있다고 합니다.

"효율성"은 명사입니다.

문장에서 "효율성"을 응용하려면: *우리 팀은 시장조사 중 각 구성원에게 전문적인 직무를 부여해 효율성을 달성할 수 있었습니다. 이런 방식을 통해 마감일 전에 최적의 권장사항을 선보일 수 있었습니다.*

efficiency    layoff    adversely    domestic    produce

효율성    해고    불리하게    국내의    생산하다

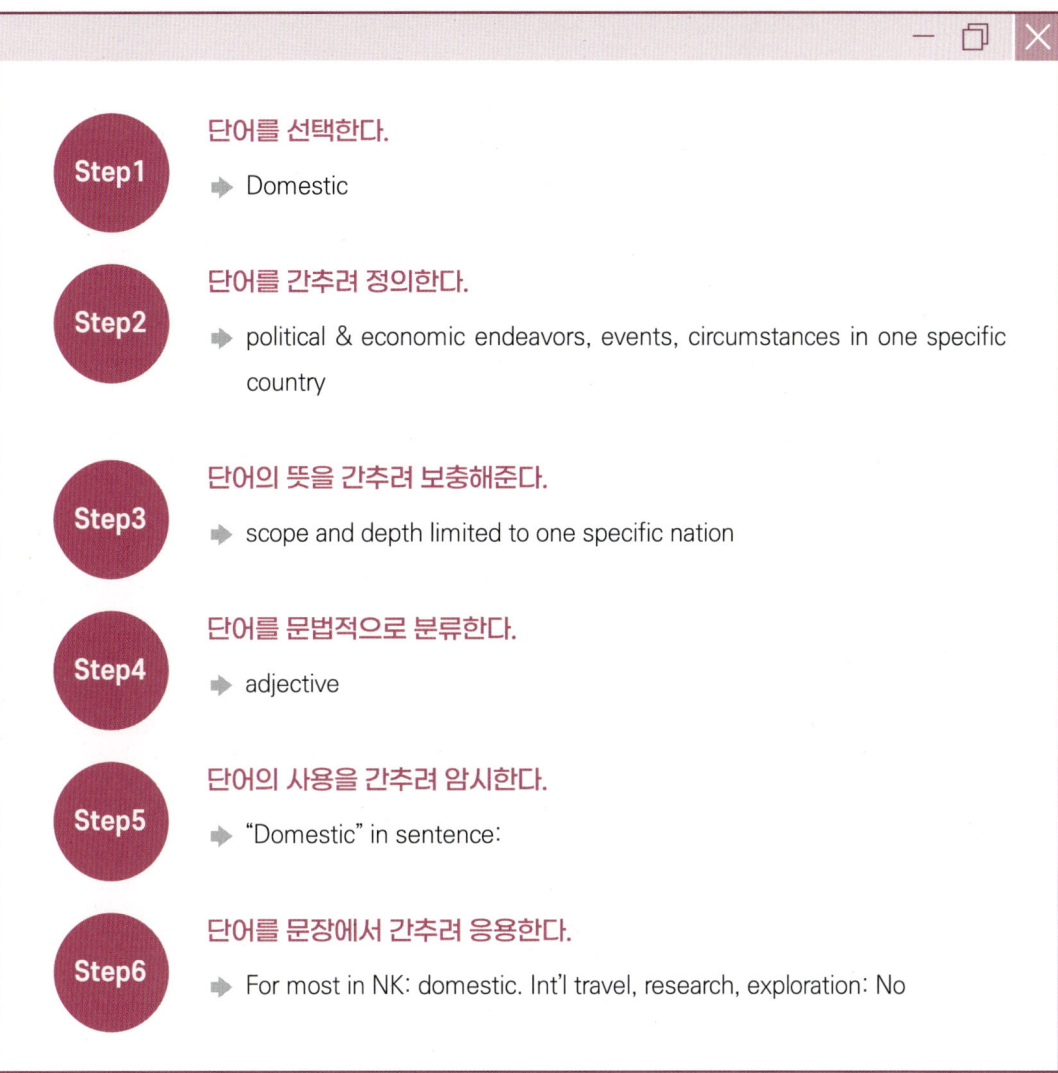

**Step1** 단어를 선택한다.

➡ Domestic

**Step2** 단어를 간추려 정의한다.

➡ political & economic endeavors, events, circumstances in one specific country

**Step3** 단어의 뜻을 간추려 보충해준다.

➡ scope and depth limited to one specific nation

**Step4** 단어를 문법적으로 분류한다.

➡ adjective

**Step5** 단어의 사용을 간추려 암시한다.

➡ "Domestic" in sentence:

**Step6** 단어를 문장에서 간추려 응용한다.

➡ For most in NK: domestic. Int'l travel, research, exploration: No

## Step 1. 어떤 단어를 선택했는지 말한다.

The word I choose is "OOO."
제가 선택한 단어는 "OOO"입니다.

➡ The word I choose is "domestic."
제가 선택한 단어는 "국내의"입니다.

---

## Step 2. 단어를 정의한다.

➡ "Domestic" refers to the political endeavors and economic enterprises, as well as events and situations that happen within one specific country.
"국내의"는 정치적 노력과 경제 기업뿐만 아니라 특정 국가 내에서 일어나는 사건 및 상황을 말한다.

---

## Step 3. 단어의 뜻을 보충해준다.

When the word OOO is used, ~
OOO라는 단어가 사용될 때에는, ~

➡ When the word domestic is used, the scope and depth of analyses are limited to the singular specified nation.
국내의 라는 단어가 사용될 때에는 분석의 범위와 깊이가 특정 국가로 제한됩니다.

---

## Step 4. 단어를 문법적으로 분류한다.
### 즉, 단어가 명사, 동사, 형용사 또는 부사로 쓰이는지를 언급한다.

➡ "Domestic" is an adjective.
"국내의"는 형용사입니다.

---

## Step 5. 단어의 응용을 암시한다.

To use "OOO" in a sentence:

To use "domestic" in a sentence:
문장에서 "국내의"를 응용하려면:

## Step 6. 단어를 문장에서 응용한다.

➡ For most citizens of North Korea, life focuses exclusively on <u>domestic</u> matters. Except for the few elites, no one is allowed to travel, research or explore internationally.

대부분의 북한 시민들에게, 삶은 전적으로 <u>국내의</u> 문제에만 초점이 맞춰집니다. 소수의 엘리트들을 제외하고는 누구도 국제적으로 여행이나 연구 또는 탐방을 할 수 없습니다.

---

**Sample Answer**

The word I choose is "domestic."

"Domestic" refers to the political endeavors and economic enterprises, as well as events and situations that happen within one specific country. When the word domestic is used, the scope and depth of analyses are limited to the singular specified nation.

"Domestic" is an adjective.

To use "domestic" in a sentence: *For most citizens of North Korea, life focuses exclusively on <u>domestic</u> matters. Except for the few elites, no one is allowed to travel, research or explore internationally.*

...............................................................................

**해석**

제가 선택한 단어는 '국내의'입니다.

'국내의'은 특정 국가에서 발생하는 정치적, 경제적 활동 그리고 사건과 상황입니다. 국내의 라는 단어가 사용될 때에는 분석의 범위와 깊이가 특정 국가로 제한됩니다.

'국내의'는 형용사입니다.

문장에서 '국내의'을 응용하려면: *대부분의 북한 시민들에게, 삶은 전적으로 <u>국내의</u> 문제에만 초점이 맞춰집니다. 소수의 엘리트들을 제외하고는 누구도 국제적으로 여행이나 연구 또는 탐방을 할 수 없습니다.*

## 8-3 Vocabulary

noun 명사
verb 동사
adjective 형용사
adverb 부사

layoff 해고
adversely 불리하게
produce 생산하다

waste 낭비하다
resources 자원
manpower 인력
optimal 최적의

endeavor 노력, 시도
enterprise 기업, 회사
scope 범위
depth 깊이

* Fill in the blanks with the words below. Adjust tense or form as necessary.

  아래의 단어로 빈 칸을 채우십시오. 필요에 따라 시제 또는 형태를 조정하십시오.

---

adverb / waste / enterprise / optimal / manpower

---

1. Water is scarce so do not _____ it.

   물은 귀하니까 <u>낭비</u> 하지마.

2. With our factories operating at _____ efficiency, we will have no trouble meeting the tight production deadline.

   저희 공장들이 <u>최적의</u> 효율성을 가지고 운영되고 있어 빠듯한 생산 마감일을 맞추는데 아무런 문제가 없을 것 같습니다.

3. I worked hard to earn my salary. In the previous sentence, the word "hard" is an _____.

   나는 나의 봉급을 벌기 위해 열심히 일을 했다. 앞의 문장에서 '열심히'라는 단어는 <u>부사</u>이다.

4. CEO: Do you have enough _____ to carry out this project?
   Manager: No, sir. We have only 30 people, but we need 50.

   사장: 자네, 이번 프로젝트를 수행하기 위해 충분한 <u>인력</u>을 갖추고 있나?
   과장: 아니오. 저희가 50명이 필요한데 30명밖에 없습니다.

5. As you can see, this is a commercially active area, with lots of restaurants, coffee shops and other _____ concentrated here.

   보시다시피, 이곳은 각종 식당, 커피숍과 기타 <u>기업들</u>이 집결해 있는 상업적으로 활발한 지역입니다.

**Answers |** 1. waste  2. optimal  3. adverb  4. manpower  5. enterprises

Part 08

# PART
# 09

# Giving Directions to a Destination

## 목적지로 가는 길 안내

| | | | | | |
|---|---|---|---|---|---|
| PART 01 | PART 02 | PART 03 | PART 04 | PART 05 | PART 06 |
| PART 07 | PART 08 | PART 09 | PART 10 | PART 11 | 실전 모의고사 |

## PART 09

# Giving Directions to a Destination
## 목적지로 가는 길 안내

Part 9는 대화의 상대방에게 주어진 지도의 특정 장소까지 갈 수 있도록 길 안내를 하는 것입니다. 우선 지도를 분석하여 이해하고, 효과적으로 그 목적지까지의 방향을 안내해야 합니다.

## 9-1  유형 파악

🎧 **Directions:** Imagine that your client has just arrived at the nearest subway station from your company. The client is going to call you to ask for directions. Give the client directions to your office from the subway station. You will have 30 seconds to think about your answer and one minute to give directions. Now, listen to the call from your client.

............................................................................................................................

아래의 지도를 보십시오. 고객이 본인의 회사에서 가장 가까운 지하철역에 도착했다고 가정하십시오. 그 고객은 본인에게 전화를 걸어 길을 안내해달라고 요청할 것입니다. 고객에게 지하철역에서 사무실까지의 길을 안내하십시오. 30초 동안 답변을 생각하고, 1분 동안 길을 안내할 시간이 주어질 것입니다. 이제 고객의 전화를 들어 보십시오.

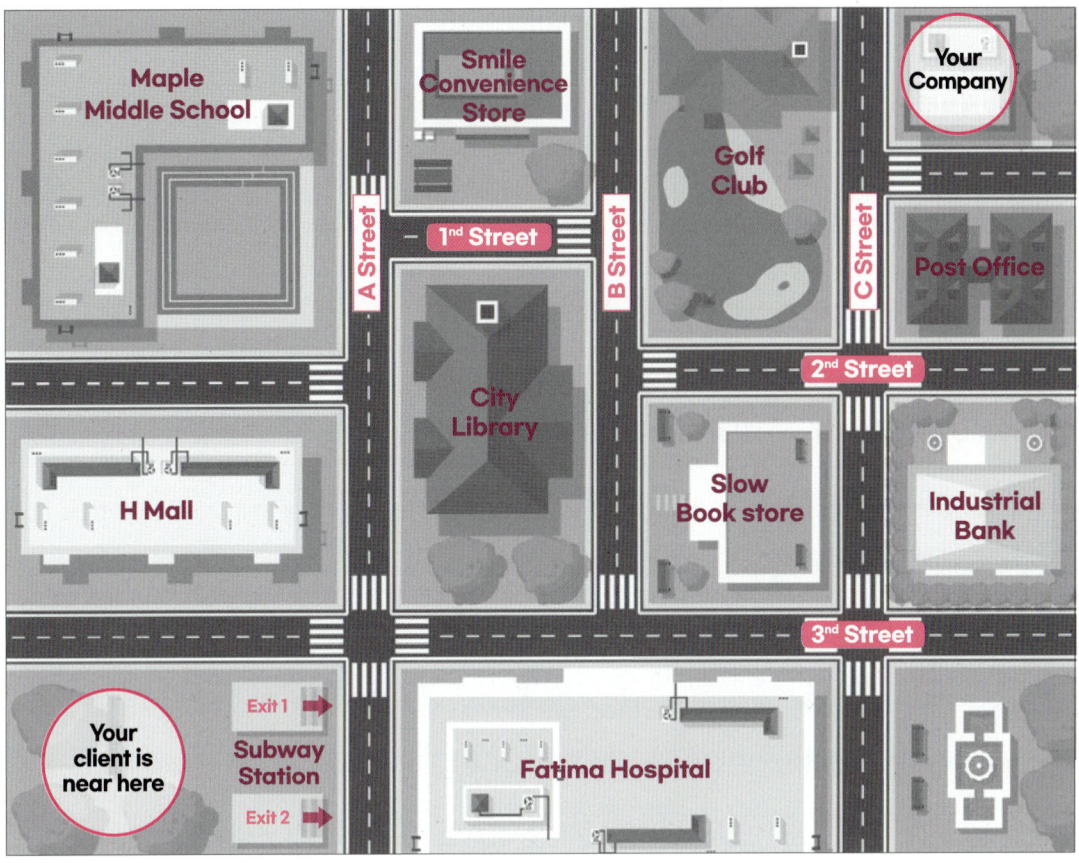

🎧 [ringing] Hello? I'm here at the subway station. How do I get to your office from here?

[전화벨 소리] 여보세요? 저는 지금 지하철역에 있습니다. 여기서 사무실까지 어떻게 가면 되지요?

🎧 **Now think about your answer.** Ⅰ 30sec

Preparation for your answer

## 🎧 Now give the caller directions.  | 1min

**Sample Answer**

Hello! Our office is in the building across the street from the Post Office. Here's how to get here.

First, come out Exit 1 from the subway station. Cross A Street. Walk straight one block past Fatima Hospital to the intersection of 3rd Street and C Street. Turn left and cross 3rd Street. Walk straight one block to the intersection of 2nd Street and C Street.

Now, turn right and cross C Street. You'll be in front of Industrial Bank. From there, turn left and cross 2nd Street. Walk straight one block to the three-way intersection. The post office will be to your right.

Finally, cross the street and you're at our building. It'll take you four to seven minutes to get here from the subway station. See you soon!

· · · · · · · · · · · · · · · · · · · · · · · · · · · · · · · · · · · · · · · · · · · · · · · · · · · · · · · · · · · · · · · · · · · · · · · · · · · · · · · · · · · · · · · · · · · · · · · · ·

**해석**

여보세요! 저희 사무실은 우체국 건너편에 있는 건물 안에 있습니다. 여기 오시는 길을 알려드리겠습니다.

먼저 지하철역에서 1번 출구로 나오십시오. 거기서 A가를 건너십시오. 그 다음 파티마 병원을 지나서 3번가와 C가의 교차로까지 한 블록 직진하십시오. 거기서 좌회전하시어 3번가를 건너십시오. 2번가와 C가의 교차로까지 한 블록 직진하십시오.

이제 우회전하시어 C가를 건너십시오. 산업은행 앞에 계실 겁니다. 거기서 좌회전하시어 2가를 건너십시오. 삼거리까지 한 블록 직진하십시오. 우체국이 우측 편에 있을 겁니다.

마지막으로, 길을 건너면 저희 건물입니다. 지하철역에서 여기까지 오는 데는 4~7 분 정도 걸릴 겁니다. 곧 뵙겠습니다!

🎧 Thanks! I'll be there in a few minutes.
감사합니다. 몇 분 후에 뵙겠습니다!

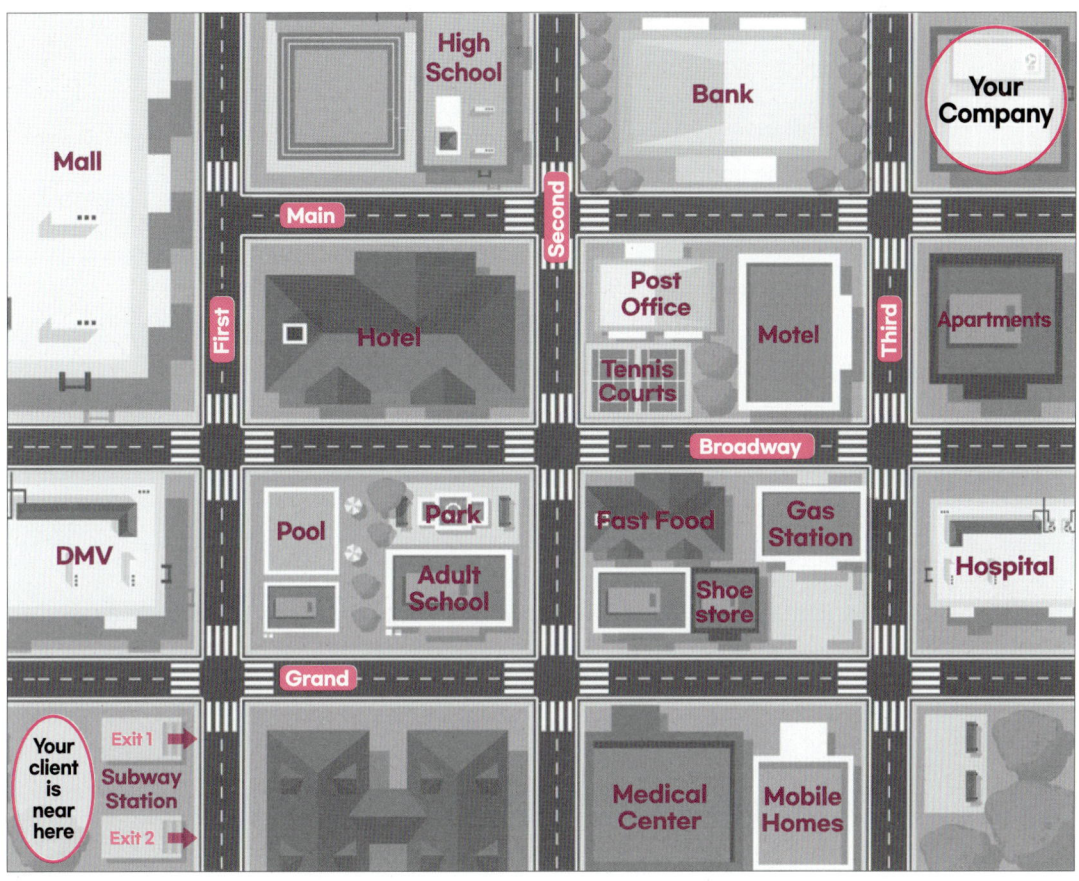

Part 09

**Step1**

전화를 받으면서 사무실의 전반적인 위치를 간추려 알려주고 기꺼이 전화 한 사람의 요청을 승낙한다.

➡ Hello!

➡ Across from apartment

➡ Here's how to get here.

**Step2**

지하철역에서부터 사무실까지 반 정도의 거리에 대한 길을 간추려 안내한다.

➡ Exit 1

➡ First Street → next intersection → Second St. → intersection (Grand St./ Third St.) → Third St.

**Step3**

찾아오는 길의 마지막 단계만 제외하고 나머지 절반 정도를 간추려 안내한다.

➡ Left, Grand St. → intersection(Third St./Broadway) → Broadway → intersection (Third St./Main St.)

**Step4**

길 안내를 간추려 마무리한다.

➡ Cross Main St.

➡ 4~7 mins

➡ See you soon!

**Step 1.** 전화를 받으면서 사무실의 전반적인 위치를 알려주고 기꺼이 고객의 요청을 승낙한다.

**1** 먼저 인사를 한다. "Hello!" 면 충분하다.

➡ Hello!
여보세요!

**2** 그 다음, 사무실의 전반적인 위치를 알려준다. 길 건너편에 있는 건물을 알려주며 한 문장으로 요약하도록 한다.

Our office is in the building across the street from (길 건너편에 있는 건물).
저희 사무실은 (길 건너편에 있는 건물) 건너편 건물 안에 있습니다.

➡ Our office is in the building across the street from the apartment building.
저희 사무실은 아파트 건너편 건물 안에 있습니다.

**3** 마지막으로, 기꺼이 고객의 요청을 승낙한다.

➡ Here's how to get here.
여기 오시는 길을 알려드리겠습니다.

**4** 첫번째 문단 종합

Hello! Our office is in the building across the street from the apartment building.
Here's how to get here.

여보세요! 저희 사무실은 아파트 건너편 건물 안에 있습니다. 여기 오시는 길을 알려드리겠습니다.

**Step 2.** 지하철역에서부터 사무실까지 반 정도의 거리에 대한 길을 한 문단으로 안내한다.

**1** 먼저 지하철역 출구를 안내한다.

First, come out Exit (출구 번호) from the subway station.
먼저 지하철역에서 (출구 번호)번 출구로 나오십시오.

➡ First, come out Exit 1 from the subway station.
먼저 지하철역에서 1번 출구로 나오십시오.

**2** Part 9에서 출제되는 지도를 보면, 대부분 상대방이 지하철역을 나오자마자 길을 건널 수 있는 교차로 앞에 와 있도록 설정되어 있다. 이런 경우, 상대방이 길을 바로 건너도록 안내한다.

Cross (도로명).
(도로명)를 건너십시오.

➡ Cross <u>First</u> Street.
  (그 다음) <u>1번가</u>를 건너십시오.

**3** 문단의 나머지 길 안내를 더한다.

➡ Walk straight one block to the next intersection. Cross Second Street. Walk straight another block past the medical center and mobile homes on your right to the intersection of Grand Street and Third Street. Cross Third Street.

다음 교차로까지 한 블록 직진하십시오. 2번가를 건너십시오. 우측 편에 있는 의료 센터와 이동식 주택을 지나 그랜드가와 3번가의 교차로까지 또 한 블록 직진하십시오. 3번가를 건너십시오.

**4** 두번째 문단 종합

First, come out Exit 1 from the subway station. Cross First Street. Walk straight one block to the next intersection. Cross Second Street. Walk straight another block past the medical center and mobile homes on your right to the intersection of Grand Street and Third Street. Cross Third Street.

먼저 지하철역에서 1번 출구로 나오십시오. 그 다음 1번가를 건너십시오. 다음교차로까지 한 블록 직진하십시오. 2번가를 건너십시오. 우측 편에 있는 의료 센터와 이동식 주택을 지나 그랜드가와 3번가의 교차로까지 또 한 블록 직진하십시오. 3번가를 건너십시오.

**Step 3.** 찾아오는 길의 마지막 단계만 제외하고 나머지 절반 정도를 안내한다.

Now*, turn left and cross Grand Street. Walk straight one block past the hospital to the intersection of Third Street and Broadway. Cross Broadway. Walk straight one block past the apartments to the intersection of Third Street and Main Street.

이제 좌회전하시어 그랜드가를 건너십시오. 병원을 지나 3번가와 브로드웨이의 교차로까지 한 블록 직진하십시오. 브로드웨이를 건너십시오. 아파트를 지나 3번가와 메인가의 교차로까지 한 블록 직진하십시오.

*다만, 길어지는 길 안내를 고객에게 정리 해주기 위해 문단을 *"Now"*(이제)나 *"From there"* (거기서) 같은 표현으로 시작해주자.*

## Step 4. 길 안내를 마무리한다.

**1** 찾아오는 길의 마지막 단계를 안내한다. Part 9에서 출제되는 지도를 보면 이 단계는 통상 길을 건너는 것으로 설정되어 있다.

Finally, cross (도로명 또는 "the street") and you're at our building.
마지막으로, (도로명 또는 '길')을/를 건너오시면 저희 건물입니다.

➡ Finally, cross Main Street and you're at our building.
　 마지막으로, 메인가를 건너오시면 저희 건물입니다.

**2** 지하철역에서 사무실까지 찾아오는 데 소요되는 총 시간을 알려준다. 지도에 따라 달라지겠지만 지도를 봤을 때, 건너야 할 길이 비교적 적으면 4~7분, 많으면 5~10분 정도로 안내하면 된다.

It'll take you (하한선) to (상한선) minutes to get here from the subway station.
지하철역에서 여기까지 오시는 데는 (하한선)~(상한선)분 정도 걸리실 겁니다.

➡ It'll take you four to seven minutes to get here from the subway station.
　 지하철역에서 여기까지 오시는 데는 4~7분 정도 걸리실 겁니다.

**3** 곧 뵙겠다는 마무리 인사를 한다.

➡ See you soon!
　 곧 뵙겠습니다!

**4** 마지막 문단 종합

Finally, cross Main Street and you're at our building. It'll take you four to seven minutes to get here from the subway station. See you soon!

마지막으로, 메인가를 건너오시면 저희 건물입니다. 지하철역에서 여기까지 오시는 데는 4~7분 정도 걸릴 겁니다. 곧 뵙겠습니다!

※ 길 안내를 할 때 고객에게 안내해줘야 할 사항들은 많고 답할 시간은 1분 뿐이기 때문에 다음과 같이 답을 정리하도록 하자.

## 1. 가급적이면 행동 하나 당 문장 하나만을 쓴다.

Cross Second Street.
2번가를 건너십시오.

## 2. 'And'나 'then' 같은 접속사는 취해야 되는 행동이 동시에 이루어져야 하거나 즉시 이어져야 할 때만 사용한다.

Turn left and cross Grand Street.
좌회전하시어 그랜드가를 건너십시오.

Walk straight one block, then cross B Street.
한 블록 직진하신 후, B가를 건너십시오.

## 3. 가급적이면 동사는 다음 3가지로 사용을 제한한다.

1) Cross: 건너다
2) Walk 또는 walk straight: 걷다 또는 직진하다
3) Turn left/right: 좌회전하다/우회전하다

## 4. 'The intersection of 도로명 A and 도로명 B' 'A와 B의 교차로'라는 표현을 숙지한다.

The intersection of Grand Street and Third Street
그랜드가와 3번가의 교차로

The intersection of Third Street and Broadway
3번가와 브로드웨이의 교차로

Hello! Our office is in the building across the street from the apartment building. Here's how to get here.

First, come out Exit 1 from the subway station. Cross First Street. Walk straight one block to the next intersection. Cross Second Street. Walk straight another block past the medical center and mobile homes on your right to the intersection of Grand Street and Third Street. Cross Third Street.

Now, turn left and cross Grand Street. Walk straight one block past the hospital to the intersection of Third Street and Broadway. Cross Broadway. Walk straight one block past the apartments to the intersection of Third Street and Main Street.

Finally, cross Main Street and you're at our building. It'll take you four to seven minutes to get here from the subway station. See you soon!

..................................................................................................................................

**해석**

여보세요! 저희 사무실은 아파트 건너편 건물 안에 있습니다. 여기 오시는 길을 알려드리겠습니다.

먼저 지하철역에서 1번 출구로 나오십시오. 그 다음 1번가를 건너십시오. 다음 교차로까지 한 블록 직진하십시오. 2번가를 건너십시오. 우측 편에 있는 의료 센터와 이동식 주택을 지나 그랜드가와 3번가의 교차로까지 또 한 블록 직진하십시오. 3번가를 건너십시오.

이제 좌회전하시어 그랜드가를 건너십시오. 병원을 지나 3번가와 브로드웨이의 교차로까지 한 블록 직진하십시오. 브로드웨이를 건너십시오. 아파트를 지나 3번가와 메인가의 교차로까지 한 블록 직진하십시오.

마지막으로, 메인가를 건너오시면 저희 건물입니다. 지하철역에서 여기까지 오시는 데는 4~7분 정도 걸릴 겁니다. 곧 뵙겠습니다!

Part 09

## 9-3  Vocabulary

subway 지하철
metro 지하철
station 역
terminal 터미널

right-hand 우측
left-hand 좌측
across 건너편, 맞은편
in front of 앞에
next to 옆에
to the left 좌측 편에, 왼쪽에
to the right 우측 편에, 오른쪽에

Intersection 교차로
junction 교차로
three/four/five-way ~ 3방향/4방향/5방향의

cross 건너다
walk (straight) 걷다 (직진하다)
turn (left/right) 회전하다 (좌회전/우회전하다)

street 거리
avenue 거리
road 도로
way 길, 거리

\* Translate the following Korean sentences into English by including the given word or expression in each problem. Adjust tense or form as necessary.

다음 한국어 문장들을 각 문제에 주어진 단어나 표현을 포함시켜 영어로 번역하십시오. 필요에 따라 시제 또는 형태를 조정하십시오.

1. 맥도널드를 지나자마자 좌회전을 하십시오. (left-hand)

_____

2. 사거리까지 직진하십시오. (junction)

_____

3. 교차로까지 오시면 5번가를 건너십시오. (cross)

_____

4. 좌회전하신 후 세 블록 걸어오십시오. (turn)

_____

5. 길은 횡단보도에서만 건너세요. (road)

_____

6. 저희 사무실은 병원 건너편에 있는 5층 건물 안에 있습니다. (across)

_____

### Sample Answers

1. As soon as you pass the McDonald's, make a left-hand turn.

2. Walk straight to the four-way junction.

3. When you get to the intersection, cross 5th Avenue.

4. Turn left and walk three blocks.

5. Cross the road only at pedestrian crossings.

6. Our office is in the five-story building across the street from the hospital.

# PART
# 10

# Suggesting an Option
# Based on Opinion

### 두 의견 차에 대한 의견 제시

PART 01    PART 02    PART 03    PART 04    PART 05    PART 06

PART 07    PART 08    PART 09    PART 10    PART 11    실전 모의고사

# PART 10

# Suggesting an Option Based on Opinion
## 두 의견 차에 대한 의견 제시

Part 10에서는 의견의 일치를 보지 못하는 어떠한 문제적인 상황을 제시하고, 그 문제를 어떻게 해결할 것인지에 관해 수험자의 견해를 물어보는 파트입니다. 한 견해를 선택하고, 그 이유를 뒷받침해 줄 수 있는 충분한 부가 설명을 논리적으로 설명해야 합니다. 30초의 준비시간이 주어지며, 1분의 답변 시간이 주어집니다.

## 10-1 유형 파악

🎧 **Directions:** Listen to the following description. Then suggest how you should deal with the problem. You will have 30 seconds to think about your answer and one minute to speak. Now listen.

다음 설명을 들어보세요. 그런 다음 이 문제를 어떻게 처리해야 할지 제안해 보십시오. 30초 동안 답변을 생각하고, 1분 동안 말할 시간이 주어질 것입니다. 이제 들어보십시오.

🎧 Imagine that you want to hire a company to provide a computer program for your team. Two companies offer bids. One offers a computer program that is easy to use and costs less, but is less efficient. The other company offers a program that is more efficient but costs more and would require specialized training to use. What option would you choose and why would you choose it?

본인이 속한 팀에게 컴퓨터 프로그램을 공급할 회사를 섭외하고 있다고 가정하십시오. 두 개의 회사가 입찰에 참여합니다. 하나는 사용하기 쉽고 비용도 적게 들지만 덜 효율적인 컴퓨터 프로그램을 제공합니다. 다른 회사는 더 효율적이지만 비용이 더 많이 들고 사용하기 위해 전문교육이 필요한 프로그램을 제공합니다. 어떤 옵션을 선택할 것이며, 왜 선택할 것인가요?

**Preparation for your answer**

🎧 Now answer the question.   I 1min

[Sample Answer]

I would hire the company that provides the more efficient program even though it is more expensive and requires special training. I would consider the extra expense and the training needed as parts of a long-term investment. It is true that the program would cost more and that the extra training required could delay the team's productivity initially, but in the long run, the company would benefit from this choice.

Once we have the program set up and running smoothly, we would be able to see returns on the initial expenses and man-hour losses from training. Unlike the cheaper but less efficient program, the program offered by the other company will give us more accurate and comprehensive results in less time. The resulting increase in productivity could help us arrive at better and quicker decisions compared to our competition, allowing our company to achieve greater profits than what would be spent for the program.

[해석]

저는 비록 더 비싸고 전문교육이 필요하더라도 더 효율적인 프로그램을 제공하는 회사를 섭외하겠습니다. 필요한 추가 비용과 교육을 저는 장기 투자의 일환으로 여기겠습니다. 프로그램에 대한 비용이 더 들고 추가적인 교육이 필요하기 때문에 처음 도입하고 나서는 팀의 생산성이 더딜 수 있겠지만 장기적으로는 회사가 이 선택의 혜택을 누리게 될 것입니다.

일단 프로그램이 원활하게 설정되고 운영되기 시작하면, 초기 비용과 교육으로 인한 인건비 손실에 대한 수익을 낼 수 있을 것입니다. 더 저렴하지만 효율성이 떨어지는 프로그램과는 달리 경쟁사에서 제공하는 프로그램은 더 짧은 시간에 더 정확하고 포괄적인 결과를 제공할 것입니다. 이렇게 발생하게 될 향상된 생산성 덕분에 우리 회사는 경쟁사보다 더 뛰어나고 신속한 의사결정을 내릴 수 있게 될 것입니다. 그리고 회사는 프로그램에 지출하는 금액보다 더 높은 수익을 누릴 수 있을 겁니다.

## 10-2 답변 구성 전략

🎧 Imagine that you want to hire a company to provide a computer program for your team. Two companies offer bids. One offers a computer program that is easy to use and costs less, but is less efficient. The other company offers a program that is more efficient but costs more and would require specialized training to use. What option would you choose and why would you choose it?

위의 10-1. 유형 파악에서는 '비싸더라도 더 효율적인 프로그램이 더 좋다'는 견해였지만, 여기서는 '덜 효율적이지만 사용하기 쉽고 비용이 덜 드는 컴퓨터 프로그램을 선호 한다'는 견해로 답변 구성 전략을 학습해보자.

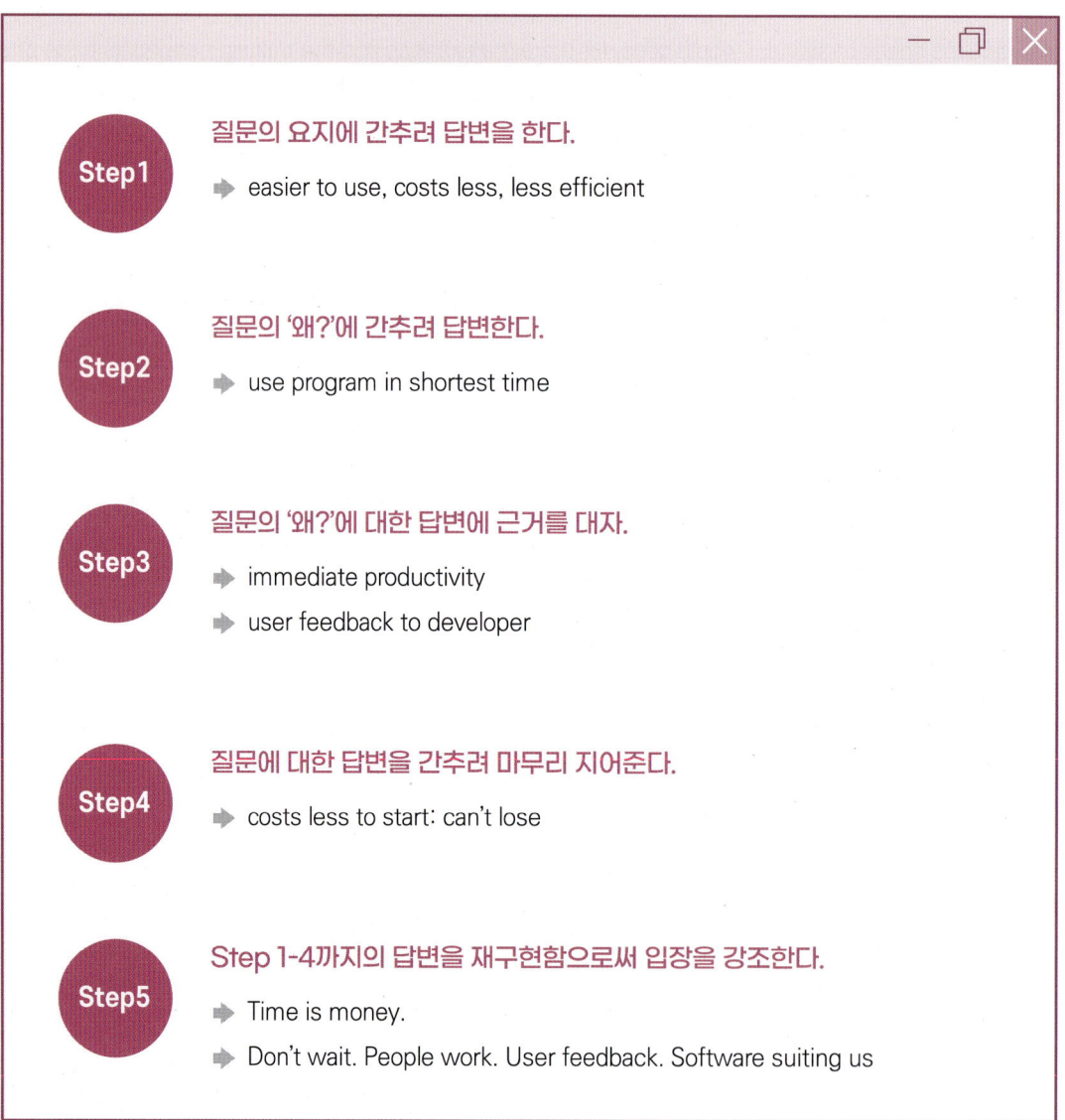

**Step1**
질문의 요지에 간추려 답변을 한다.
➡ easier to use, costs less, less efficient

**Step2**
질문의 '왜?'에 간추려 답변한다.
➡ use program in shortest time

**Step3**
질문의 '왜?'에 대한 답변에 근거를 대자.
➡ immediate productivity
➡ user feedback to developer

**Step4**
질문에 대한 답변을 간추려 마무리 지어준다.
➡ costs less to start: can't lose

**Step5**
Step 1-4까지의 답변을 재구현함으로써 입장을 강조한다.
➡ Time is money.
➡ Don't wait. People work. User feedback. Software suiting us

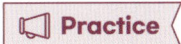 **Practice**

## Step 1. 질문의 요지에 답변을 한다.

여기서, 질문의 요지는 "What option would you choose?"이다.

**이 때, 다음과 같은 형식을 사용하도록 한다.**

I would hire the company that provides the computer program that is ~.
저는 ~ 컴퓨터 프로그램을 제공하는 회사를 고용할 것입니다.

➡ I would hire the company that provides the computer program that is easier to use and costs less although it is less efficient.
저는 덜 효율적이지만 사용하기 쉽고 비용이 덜 드는 컴퓨터 프로그램을 제공하는 회사를 섭외할 것입니다.

## Step 2. 질문의 '왜?'에 답변한다.

여기서, 질문의 '왜?'는 'Why would you choose it?'이다.

**비록 효율성이 떨어지더라도 사용하기 쉬운 프로그램을 원하는 이유를 말한다.**

➡ Being able to intuitively use a program in the shortest possible time is first and foremost to us.
가장 짧은 시간에 프로그램을 직관적으로 사용할 수 있는 것이 우리에게는 무엇보다도 중요합니다.

**이렇게 한 문장으로 질문의 요지인 '왜?'에 대한 답변을 마쳤다.**

## Step 3. 질문의 '왜?'에 대한 답변에 근거를 대자.

이 때, 'That way, ~.'(그렇게 하면 ~.)와 같은 형식을 사용하면 손쉽게 근거를 댈 수 있다.

➡ That way, our employees will use the program and be immediately productive.
그렇게 하면 우리 직원들이 프로그램을 사용하면서 바로 생산적으로 일을 할 수 있습니다.

**만약, 추가적인 근거로 주장을 강화시켜주고 싶다면 'Just as importantly' (마찬가지로) 또는 'Moreover' (게다가, 더욱이) 등의 형식을 사용해서 추가하도록 한다.**

➡ Just as importantly, they will also be able to immediately provide user feedback to the program developer, who will then be able to implement upgrades to the software.
마찬가지로, 그들은 사용자 피드백을 프로그램 개발자에게 바로 제공해 개발자가 소프트웨어 업그레이드를 구현하는 것에도 도움을 줄 수 있을 것입니다.

**Step 4.** 질문에 대한 답변을 마무리 지어준다.

우선적인 이유 'intuitively use a program in the shortest possible time' 이외에 추가적인 이유 'the software costs less'까지 유리하게 작용하는 이점으로 인해 '손해볼 수 없는 선택을 하고 있다'('truly a can't-lose situation')고 질문에 대한 답변을 마무리 해보자.

➡ Considering the software costs less to begin with, this is truly a can't-lose situation.
소프트웨어 비용이 처음부터 더 저렴하다는 점을 고려하면 이는 그야말로 손해를 볼 수 없는 상황입니다.

..........................................................................................

**Step 5.** Step 1-4까지의 답변을 재구현함으로써 입장을 강조한다.

Step 1-4까지의 답변도 훌륭하나 1분의 답변 시간 동안 30초 정도밖에 답변을 하지 않는다면 감점의 요인이 될 수도 있다. 답변 시간을 채우기 위해, Step 1-4의 답변을 재구현해서 인상적으로 마무리 지으면 좋을 것이다. 그러기 위해서는 다음 형식을 학습하도록 하자.

I cannot emphasize enough that ~.
~라는 점을 저는 지금보다 더 강하게 강조할 수가 없습니다.

➡ <u>I cannot emphasize enough that</u> time is money.
<u>시간이 돈이라는 점을 저는 지금보다 더 강하게 강조할 수가 없습니다.</u>

Step 1-4의 답변을 재구현해 강조한 답변에 대한 근거는 아래와 같다.

➡ We refuse to wait till our employees become used to the computer program. People, not computers, do the work and we consider software to be just another tool. Our company actively uses the program and generates user feedback in accordance with our own needs. This way, we ensure we will have the software that best suits us.

저희는 직원이 컴퓨터 프로그램에 익숙해질 때까지 기다리지 않을 것입니다. 일은 컴퓨터가 아닌 사람이 하기 때문에 저희는 소프트웨어를 단지 하나의 도구로 생각할 뿐입니다. 우리 회사는 적극적으로 프로그램을 사용하고 우리 자신의 용도에 따라 사용자 피드백을 생성합니다. 이런 식으로, 우리는 우리에게 가장 적합한 소프트웨어를 갖게 될 것을 확신합니다.

I would hire the company that provides the computer program that is easier to use and costs less although it is less efficient. Being able to intuitively use a program in the shortest possible time is first and foremost to us. That way, our employees will use the program and be immediately productive. Just as importantly, they will also be able to immediately provide user feedback to the program developer, who will then be able to implement upgrades to the software. Considering the software costs less to begin with, this is truly a can't-lose situation.

I cannot emphasize enough that time is money. We refuse to wait till our employees become used to the computer program. People, not computers, do the work and we consider software to be just another tool. Our company actively uses the program and generates user feedback in accordance with our own needs. This way, we ensure we will have the software that best suits us.

**해석**

저는 덜 효율적이지만 사용하기 쉽고 비용이 덜 드는 컴퓨터 프로그램을 제공하는 회사를 섭외할 것입니다. 가장 짧은 시간에 프로그램을 직관적으로 사용할 수 있는 것이 우리에게는 무엇보다도 중요합니다. 그렇게 하면 우리 직원들이 프로그램을 사용하면서 바로 생산적으로 일을 할 수 있습니다. 마찬가지로, 그들은 사용자 피드백을 프로그램 개발자에게 바로 제공해 개발자가 소프트웨어 업그레이드를 구현하는 것에도 도움을 줄 수 있을 것입니다. 소프트웨어 비용이 처음부터 더 저렴하다는 점을 고려하면 이는 그야말로 손해를 볼 수 없는 상황입니다.

시간이 돈이라는 점을 저는 지금보다 더 강하게 강조할 수가 없습니다. 저희는 직원이 컴퓨터 프로그램에 익숙해질 때까지 기다리지 않을 것입니다. 일은 컴퓨터가 아닌 사람이 하기 때문에 저희는 소프트웨어를 단지 하나의 도구로 생각할 뿐입니다. 우리 회사는 적극적으로 프로그램을 사용하고 우리 자신의 용도에 따라 사용자 피드백을 생성합니다. 이런 식으로, 우리는 우리에게 가장 적합한 소프트웨어를 갖게 될 것을 확신합니다.

Part 10

## 10-3 Vocabulary

**first and foremost** 가장 우선적으로, 가장 먼저
**priority** 우선, 중요
**utmost** 최고로, 가장

**man-hour** (시간당) 작업량, 인시
**expenses** 비용
**training** 교육, 훈련
**productivity** 생산성

**truly** 진정으로
**absolutely** 틀림없이, 절대적으로
**definitely** 분명히
**totally** 전적으로

**can't-lose** 손해볼 수 없는
**win-win** 상호 이득이 되는, 윈윈의

**initial** 처음의
**efficient** 효율적인
**accurate** 정확한
**precise** 정밀한, 정확한
**comprehensive** 포괄적인

**emphasize** 강조하다
**generate** 생성하다

\* Translate the following Korean sentences into English by including the given word or expression in each problem. Adjust tense or form as necessary.

다음 한국어 문장들을 각 문제에 주어진 단어나 표현을 포함시켜 영어로 번역하십시오. 필요에 따라 시제 또는 형태를 조정하십시오.

1. 이번 프로젝트는 우리에게 가장 우선적이다. 이게 끝날 때까지는 다른 아무것도 하지 않을 것이다. (utmost)

   _____

2. 그의 계산은 절대적으로 맞습니다. 제가 확인해봤는데 한 치의 오차도 없습니다. (absolutely)

   _____

3. 컴퓨터 프로그램의 계산은 +/− 0.001%의 오차 밖에 나오지 않을 정도로 정밀했다. (precise)

   _____

4. 회사는 많은 작업량을 절약할 수 있는 자동화시스템을 도입하고 나서 3,000명의 인력을 줄였다. (man-hour)

   _____

5. 상호 이득의 전략을 통해, 양사는 긴장감을 완화하고 협력을 도모할 수 있었다. (win-win)

   _____

### Sample Answers

1. This project carries the <u>utmost</u> priority for us. We are doing nothing else until it is completed.

2. His calculation is <u>absolutely</u> correct. I have verified it and there is no error in it at all.

3. The computer program's calculation was strikingly <u>precise</u>, with an error of only +/− 0.001%.

4. After the company adopted an automated system that allowed it to save many <u>man-hours</u> of labor, it let go of 3,000 employees.

5. By pursuing a <u>win-win</u> strategy, the two parties were able to ease tension and foster cooperation.

G-TELP

# PART
# 11

# Proposing a Solution to a Problem

### 문제에 대한 해결책 제시

| | | | | | |
|---|---|---|---|---|---|
| PART 01 | PART 02 | PART 03 | PART 04 | PART 05 | PART 06 |
| PART 07 | PART 08 | PART 09 | PART 10 | PART 11 | 실전 모의고사 |

# PART 11

# Proposing a Solution to a Problem
## 문제에 대한 해결책 제시

Part 11는 마지막 파트로 어떤 가정적 상황에서 그 상황을 해결하려면 어떻게 할 것인지를 묻고 있습니다. 이 파트에서 가장 중요한 점은 문제 상황을 해결하려면 어떤 방법을 취해야 하는지 자세히 논의해야 하는데, 확실한 뒷받침 논거는 물론 대안도 함께 제시하여 논리적으로 구술하는 것이 중요합니다. 30초의 준비시간이 주어지며, 1분의 답변 시간이 주어집니다.

## 11-1 유형 파악

🎧 Directions: Listen to the following situation. Then explain how you would solve the problem associated with the situation. Answer in as much detail as possible. You will have 30 seconds to think about your answer and one minute to speak. Now listen.

................................................................

다음 상황에 대해 들어보세요. 그럼 다음 상황과 관련된 문제를 본인이 어떤 방법으로 해결할지를 설명하십시오. 답변은 최대한 자세하게 하십시오. 30초 동안 답을 생각하고 1분 동안 말할 시간이 주어질 것입니다. 이제 귀를 기울이십시오.

🎧 Suppose that you are scheduled to deliver some important documents to a potential client today. However, the documents are very complicated and you were not given a lot of time to prepare them. As a result, you are not very happy with the results. You want to postpone the deadline because you feel that you will need to have better documents in order to ensure that the client will hire your company. However, if you postpone the deadline, there is a chance that you will lose the client. What would you do in such a situation and why?

................................................................

오늘 잠재 고객에게 중요한 문서를 제출하기로 돼있다고 가정하십시오. 그러나 문서는 매우 복잡했고, 당신에게는 준비할 시간이 많이 주어지지 않았습니다. 따라서 당신은 결과에 만족을 못 하고 있습니다. 고객이 당신의 회사를 섭외하는 것을 보장하기 위해서는 더 나은 문서를 제출해야 할 필요가 있을 것이라고 느끼기 때문에, 당신은 마감 기한을 연기하기를 원합니다. 하지만 마감 기한을 연기함으로써 고객을 놓칠 가능성도 있습니다. 이런 상황에서 당신은 무엇을 할 것이며 그 이유는 무엇인가?

## 🎧 Now think about your answer.  | 30sec

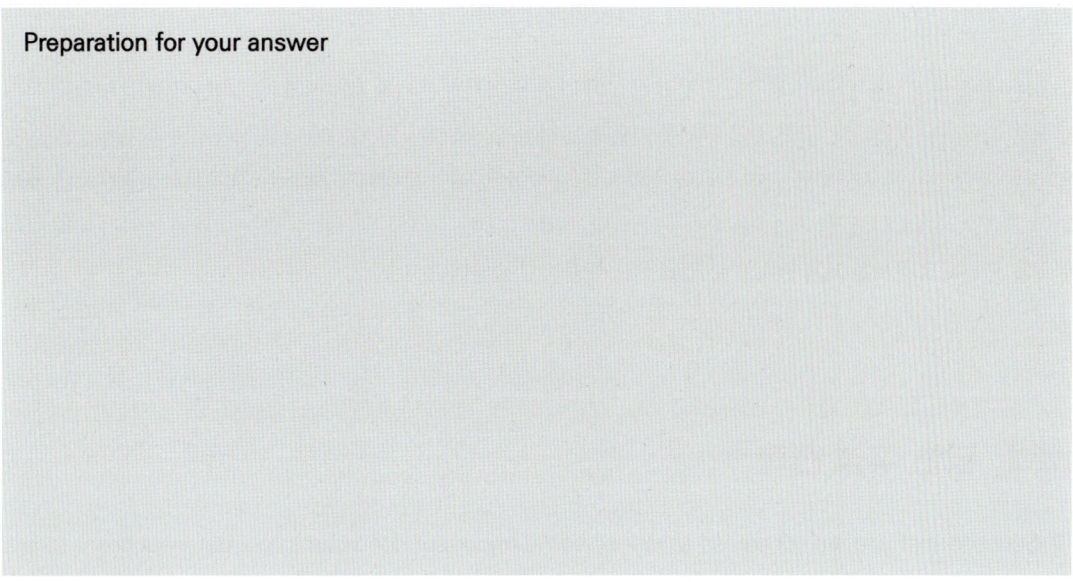

Preparation for your answer

## 🎧 Now answer the question.  | 1min

If I were in this situation, I would try to convince my client to allow me to re-schedule the delivery of the documents since I would want to put forth my best effort in preparing those documents. I would be honest with the client about not having had enough time to prepare the documents properly. I would tell the client that I am not satisfied with the current version, and that the documents, as they exist now, are not as good as what they could be if I were given enough time to prepare them properly.

I would persuade the client that delivering work of better quality at a later time is better than delivering mediocre work on time. After all, it would be hard to convince the client of our company's worth using second-rate documents. There would be a possibility of losing the deal if I delayed the delivery of the materials, but there would be more certainty of not closing the deal if I were to present my client with poorly prepared documents. Hence, I would postpone the delivery and prepare the documents to my satisfaction to have a better chance of winning the client's business.

해석

만약 제가 이 상황에 처했다면, 문서를 준비하기 위해 최선의 노력을 기울이고 싶기 때문에 서류제출 일정을 다시 잡을 수 있도록 고객을 설득하려고 할 것입니다. 문서를 제대로 준비할 시간이 충분하지 않았던 것에 대해 고객에게

Part 11

솔직할 것입니다. 현재 버전의 문서가 제게 만족스럽지 못하며, 현존하는 문서는 제대로 준비할 수 있도록 충분한 시간이 주어진 경우에 작성한 것만큼은 좋지 못할 것이라고 고객에게 말할 것입니다.

더 나은 품질의 문서를 나중에 제공하는 것이 품질이 다소 떨어지는 문서를 제시간에 제공하는 것보다 낫다고 저는 고객을 설득해볼 것입니다. 결국, B급 문서를 사용해 고객에게 우리 회사의 가치에 대해 납득시켜 주기는 어려울 것입니다. 자료 전달을 지연하면 고객 유치에 실패할 가능성이 있지만, 고객에게 제대로 준비되지 않은 문서를 제시하면 고객을 유치하지 못 할 가능성은 더욱 커집니다. 따라서, 저는 고객을 유치할 수 있는 확률을 높이기 위해 문서 전달을 연기하고 문서를 제가 만족할 수 있을 정도로 준비할 것입니다.

## 11-2 답변 구성 전략

🎧 Suppose that you are scheduled to deliver some important documents to a potential client today. However, the documents are very complicated and you were not given a lot of time to prepare them. As a result, you are not very happy with the results. You want to postpone the deadline because you feel that you will need to have better documents in order to ensure that the client will hire your company. However, if you postpone the deadline, there is a chance that you will lose the client. What would you do in such a situation and why?

위의 11-1. 유형 파악에서는 '전달을 연기하고 문서를 만족할 수 있을 정도로 준비할 것이다'라는 의견이었다면, 여기서는 '부족한 대로 제 시간에 제출한다'라는 의견으로 답변 구성 전략을 학습해보자.

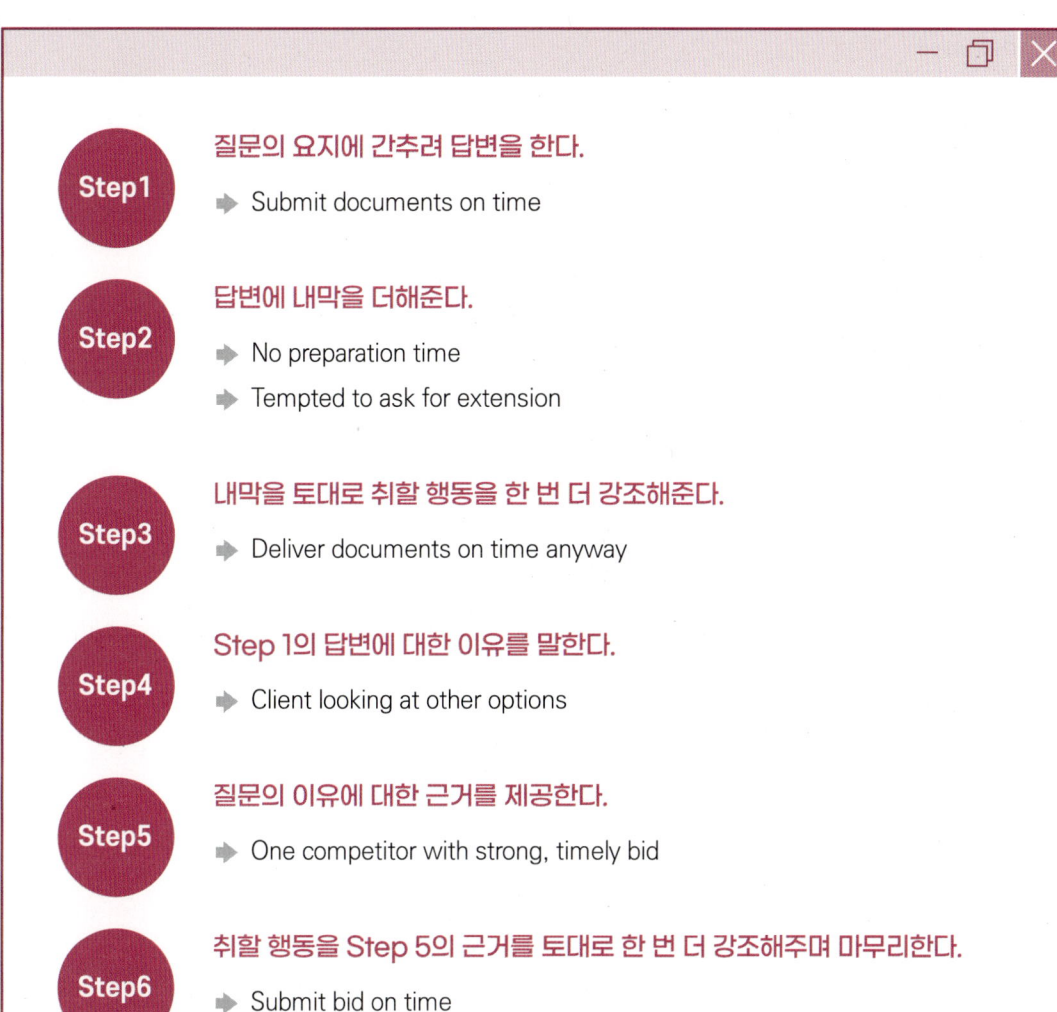

**Step1** 질문의 요지에 간추려 답변을 한다.
➡ Submit documents on time

**Step2** 답변에 내막을 더해준다.
➡ No preparation time
➡ Tempted to ask for extension

**Step3** 내막을 토대로 취할 행동을 한 번 더 강조해준다.
➡ Deliver documents on time anyway

**Step4** Step 1의 답변에 대한 이유를 말한다.
➡ Client looking at other options

**Step5** 질문의 이유에 대한 근거를 제공한다.
➡ One competitor with strong, timely bid

**Step6** 취할 행동을 Step 5의 근거를 토대로 한 번 더 강조해주며 마무리한다.
➡ Submit bid on time

Part 11

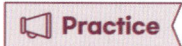 

## Step 1. 질문의 요지에 답변을 한다.

질문의 요지는 "What would you do in such a situation?"이다.

이 부분에 답변을 할 때, 다음 형식을 사용하면 된다.

**Should I ever find myself in this situation, I would ~.**
**= If I should ever find myself in this situation, I would ~.**
   **만약 제가 이런 상황에 처하게 된다면, 저는 ~할 것입니다.**

➡ Should I ever find myself in this situation, I would submit the documents as they are to the potential client on time—*and let the chips fall where they may.

만약 제가 이런 상황에 처하게 된다면, 저는 문서를 현재 준비된 상태로 적시에 고객에게 제출하고 어떤 결과가 나오든 받아들일 것입니다.

* 여기서 em dash는 내용적인 면에서 다소 차이가 나는 em dash 뒤에 오는 부분을 강조함과 동시에, 문장의 앞부분과 분리해 긴 문장을 읽기 편하게 하기 위해 삽입했으나 한글 해석에는 필요가 없다고 판단해 생략했다.

## Step 2. 답변에 내막을 더해준다.

문제를 보면 다음과 같은 내용을 볼 수 있다.

However, the documents are very complicated and you were not given a lot of time to prepare them. As a result, you are not very happy with the results. You want to postpone the deadline because you feel that you will need to have better documents in order to ensure that the client will hire your company.

위의 상황에 대한 내막으로 아래의 내용을 추가할 수 있다.

➡ I did not have a lot of time to prepare the documents, and as a result, I am not happy with their degree of readiness. I would obviously be strongly tempted to ask that the deadline be postponed.

저는 서류를 준비할 시간이 많지 않았고, 그 결과 준비 정도에 만족하지 못했습니다. 저는 분명히 마감일을 연기해 달라고 강력히 요청하고 싶을 것입니다.

## Step 3. 취할 행동을 내막을 토대로 한 번 더 강조해준다.

➡ However, I would resist that urge and deliver the documents as they are and on time.

그래도 저는 그 충동을 자제하고, 문서를 현재 준비된 상태로 제시간에 전달할 것입니다.

## Step 4. Step 1에서 제시한 의견에 대한 이유를 말한다.

"Why?"라고 묻는데, 여기에 답변을 할 때에는 다음과 같은 형식을 사용하면 된다.

**The reason comes down to a simple fact: ~.**
**그 이유는 간단합니다. ~.**

➡ The reason comes down to a simple fact: When potential clients are looking to hire a company such as ours, they are almost certainly looking at other options as well.

그 이유는 간단합니다. 고객들이 우리 같은 회사를 섭외하려고 할 때, 확실히 우리의 경쟁사들도 고려하고 있습니다.

## Step 5. 질문의 이유에 대한 근거를 제공한다.

이유에 대한 근거는 답변이 천차만별이 될 수 있기 때문에 문장 형식까지 제공해주기는 어렵다. 아래의 예시를 참고하길 바란다.

➡ We can ask them for more time, saying it would help us submit a higher-quality bid, and they may even sincerely accept what we propose. However, in the end, if just one of our competitors submits a strong yet timely bid, the client would likely purchase from the competitor and not us.

우리가 더 높은 품질의 입찰서를 제출하는데 도움이 될 것이라며 더 많은 시간을 요청할 수 있는 것이고, 고객이 우리의 제안을 진심으로 받아들일 수도 있습니다. 그러나 결국 우리의 경쟁업체들 중 하나만이 훌륭한 입찰서를 적시에 제출한다면, 고객이 우리가 아닌 그 경쟁사로부터 구매를 할 것입니다.

## Step 6. 취할 행동을 Step 5의 근거를 토대로 한 번 더 강조해주며 마무리한다.

➡ Win or lose, we are better off just submitting our bid as is and on time.

이기든 지든 간에, 입찰서를 제시간에 있는 대로 제출하는 것이 더 낫습니다.

Should I ever find myself in this situation, I would submit the documents as they are to the potential client on time—and let the chips fall where they may. I did not have a lot of time to prepare the documents and as a result, I am not happy with their degree of readiness. I would obviously be strongly tempted to ask that the deadline be postponed. However, I would resist that urge and deliver the documents as they are and on time.

The reason comes down to a simple fact: When potential clients are looking to hire a company such as ours, they are almost certainly looking at other options as well. We can ask them for more time, saying it would help us submit a higher-quality bid, and they may even sincerely accept what we propose. However, in the end, if just one of our competitors submits a strong yet timely bid, the client would likely purchase from the competitor and not us. Win or lose, we are better off just submitting our bid as is and on time.

**해석**

만약 제가 이런 상황에 처하게 된다면, 저는 문서를 현재 준비된 상태로 적시에 고객에게 제출하고 어떤 결과가 나오든 받아들일 것입니다. 저는 서류를 준비할 시간이 많지 않았고, 그 결과 준비 정도에 만족하지 못했습니다. 저는 분명히 마감일을 연기해 달라고 강력히 요청하고 싶을 것입니다. 그래도 저는 그 충동을 자제하고, 문서를 현재 준비된 상태로 제시간에 전달할 것입니다.

그 이유는 간단합니다. 고객들이 우리 같은 회사를 섭외하려고 할 때, 확실히 우리의 경쟁사들도 고려하고 있습니다. 우리가 더 높은 품질의 입찰서를 제출하는데 도움이 될 것이라며 더 많은 시간을 요청할 수 있는 것이고, 고객이 우리의 제안을 진심으로 받아들일 수도 있습니다. 그러나 결국 우리의 경쟁업체들 중 하나만이 훌륭한 입찰서를 적시에 제출한다면, 고객이 우리가 아닌 그 경쟁사로부터 구매를 할 것입니다. 이기든 지든 간에, 입찰서를 제시간에 있는 대로 제출하는 것이 더 낫습니다.

**Vocabulary**

**properly** 제대로

**close (the/a) deal(s)** 거래를 성사시키다
**let the chips fall where they may** 결과에 상관없이
**as is** 있는 대로

**persuade** 설득하다
**deliver** 넘기다, 제출하다
**submit** 제출하다

**obviously** 당연히, 분명히
**certainly** 분명히
**sincerely** 진심으로
**timely** 적시에

**-rate** 급, 류
**first-rate** A급, 일류
**second-rate** B급, 이류
**third-rate** C급, 삼류

**tempt** 부추기다, 유도하다
**urge** 충동

**delay** 연기하다, 지연하다
**postpone** 연기하다

**resist** 참다
**purchase** 구매하다

**\* Translate the following Korean sentences into English by including the given word or expression in each problem. Adjust tense or form as necessary.**

다음 한국어 문장들을 각 문제에 주어진 단어나 표현을 포함시켜 영어로 번역하십시오. 필요에 따라 시제 또는 형태를 조정하십시오.

1. 감독은 강력한 우승후보와의 경기 전, 자신의 팀에게 얘기했다. "우리는 이 경기를 위해 최선을 다해 훈련하고 준비했다. 나가서 최선을 다해 경기에 임하고 결과는 하늘에 맡겨라!" (let the chips fall where they may)

_____

2. 이 시계는 중고제품으로써 보증 없이 있는 대로 판매합니다. (as is)

_____

3. 우리 회사의 영업사원은 구매하는 2인의 사용권 마다 1인의 사용자에게 기술지원을 무료로 제공해주기로 함으로써 거래를 성사시켰다. (close the deal)

_____

4. 나는 상품이 얼핏 봐도 결함이 있는 게 분명했기 때문에 교환하기 위해 돌려보냈다. (obviously)

_____

5. 경기가 좋지 않은 상황에서, 회사는 신규 투자를 거부하고 가만히 있었다. (resist)

_____

### Sample Answers

1. The coach told his team before its match against the heavy favorite: "We have trained and prepared our best for this match. Go play your best and let the chips fall where they may!"

2. As a second-hand product, this watch is being sold as is, without a warranty.

3. Our company's representative closed the deal by offering technical support free to a single user for every two user licenses purchased.

4. I sent the unit back for a replacement because it was obviously defective even at first glance.

5. In the bad economy, the company resisted making new investments and stayed put.

# 실전모의고사

| PART 01 | PART 02 | PART 03 | PART 04 | PART 05 | PART 06 |

| PART 07 | PART 08 | PART 09 | PART 10 | PART 11 | 실전 모의고사 |

## PART 1. Supplying Questions to Answers

**Directions:** In a moment, you will hear some answers. After each answer, think of an appropriate question. Wait for the prompt, and ask the question. Now listen to the sample.

........................................................................................

Yes, my first name is Kim.

Now ask the question.

May I have your first name, please?

Listen for the prompt, "Now ask the question." You will have 20 seconds to ask each question. Remember to speak loudly and clearly.

........................................................................................

Now listen to the answer.

🎧 **10~12 items**

Please speak clearly and loudly.

**Response Time | 20sec**

## PART 2. Analyzing a Graph

**Directions:** Look at the graph below. In a moment, you will describe the graph in detail. You will have 30 seconds to think about your description. Then you will have one minute to speak.

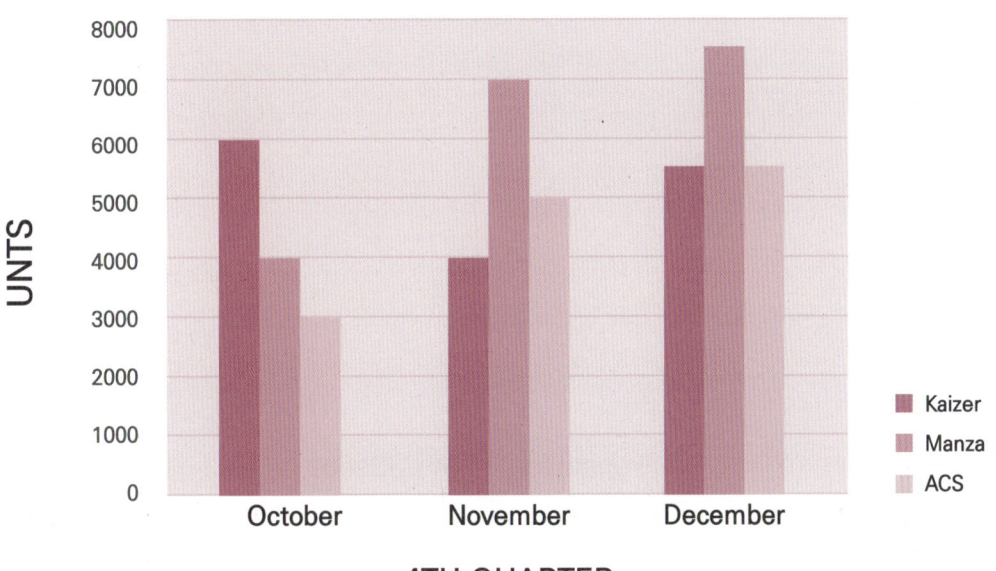

LAPTOP SALES IN JC TECH STORES DURING THE 4TH QUARTER OF LAST YEAR

Preparation Time | 30sec

Response Time | 1min

## PART 3. Responding to a Simple Question

**Directions:** Listen to the following question. You will have 30 seconds to think about your
answer and one minute to speak. Give as much detail as possible. Now listen to
the question.

Studies have shown that people who exercise regularly are more productive at work. Do you
agree with this finding? Why or why not?

**Preparation Time | 30sec**

**Response Time | 1min**

## PART 4. Relaying Telephone Messages

**Directions:** Listen to the following telephone conversation. Afterwards, you must report the telephone conversation to the appropriate person. You will have 30 seconds to think about the conversation, and one minute to relay the message. Now listen to the telephone conversation.

Preparation Time | 30sec

Response Time | 1min

## PART 5. Responding to a Work-Related Question I

**Directions:** Listen to the following question. You will have 30 seconds to think about your answer and one minute to speak. Answer the question in as much detail as possible. Now listen to the question.

................................................................................................................

Tell me about the most difficult business decision you have made so far.
What made it difficult? Explain your answer in as much detail as possible.

Preparation Time | 30sec

Response Time | 1min

## PART 6. Responding to a Work-Related Question II

**Directions:** Listen to the following question. You will have 30 seconds to think about your
answer and one minute to speak. Give as much detail as possible. Now listen to
the question.

........................................................................................................................................

In your opinion, what is the most important thing to consider in setting up a business? Why
do you think it is important? Explain your answer in as much detail as possible.

**Preparation Time | 30sec**

**Response Time | 1min**

## PART 7. Role-Playing

**Directions:** Imagine that an economics student from a local university has come to your business to interview you about your company. Answer the student's questions as best as you can. You will have 25 seconds to answer each question.

 **7~10 items**

Response Time | 25sec

## PART 8. Defining and Using a Business Term in a Sentence

🎧 **Directions:** Choose one word from the list below. First, DEFINE the word. Second, STATE whether the word is used as a noun, a verb, an adjective, or an adverb. Third, USE the word correctly in a sentence. You will have 30 seconds to think about your answer, and 90 seconds to speak. An *example has been done for you

*Example: Defining, Stating, and Using the word "supply"*

- **DEFINITION:** "Supply means an amount of something."
- **DESCRIBE:** "In this sense, the word supply is a noun."
- **EXAMPLE:** "The supply of oil in the world is low."

| Industry  productive  profit  invest  speculate |
|---|

- **DEFINITION:** _____

- **DESCRIBE:** _____

- **EXAMPLE:** _____

**Preparation Time | 30sec**

**Response Time | 90sec**

# PART 9. Giving Directions to a Destination

**Directions:** Imagine that your client has just arrived at the nearest subway station from your company. The client is going to call you to ask for directions. Give the client directions to your office from the subway station. You will have 30 seconds to think about your answer and one minute to give directions. Now, listen to the call from your client.

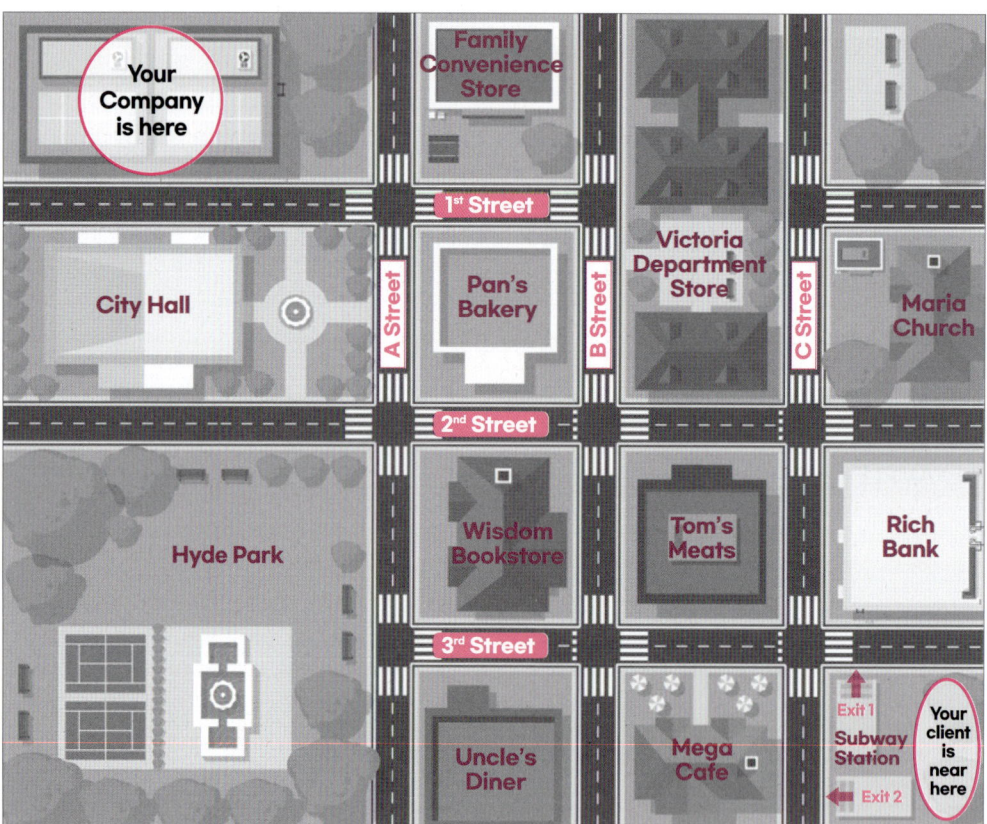

Preparation Time | 30sec

Response Time | 1min

## PART 10. Suggesting an Option Based on Opinion

**Directions:** Listen to the following description. Then suggest how you should deal with the problem. You will have 30 seconds to think about your answer and one minute to speak. Now listen.

Imagine that the sales of one of the products your company is selling has been steadily declining. To increase sales, one of your colleagues proposes to reduce the price of the product, and to offer additional discounts for bulk purchases. Another colleague disagrees, and suggests that improving the product's quality and adding more useful features will help increase sales. Which one would you choose, and why would you choose that option?

Preparation Time | 30sec

Response Time | 1min

# PART 11. Proposing a Solution to a Problem

**Directions:** Listen to the following situation. Then explain how you would solve the problem associated with the situation. Answer in as much detail as possible. You will have 30 seconds to think about your answer and one minute to speak. Now listen.

Suppose you discovered that a product your company has on the market has a fatal malfunction. You tell the board of directors about the problem and suggest that the product be recalled. However, they tell you to keep quiet about the malfunction. They are afraid that the company's reputation will be destroyed if the public found out about it, and that the company would have to close down.  What would you do in such a situation? Explain your answer in as much detail as possible.

Preparation Time | 30sec

Response Time | 1min

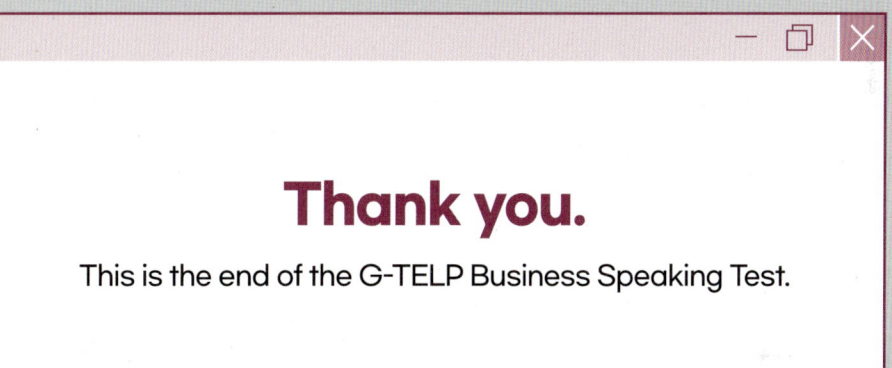

# Thank you.

This is the end of the G-TELP Business Speaking Test.

# 실전모의고사

## Sample Answers

PART 01   PART 02   PART 03   PART 04   PART 05   PART 06

PART 07   PART 08   PART 09   PART 10   PART 11   실전 모의고사

# PART 1
# Supplying Questions to Answers

🎧 **Directions:** In a moment, you will hear some answers. After each answer, think of an appropriate question. Wait for the prompt, and ask the question. Now listen to the sample.

---

Yes, my first name is Kim.

Now ask the question.

May I have your first name, please?

---

🎧 Listen for the prompt, "Now ask the question." You will have 20 seconds to ask each question. Remember to speak loudly and clearly.

..........................................................................................................

🎧 **My name is Theodore Compton.**

저의 이름은 Theodore Compton입니다.

🎧 **Now ask the question.**  | 20sec

**Sample Answer**

May I have your full name, please?
(What is your full name?)
(Could you please tell me your full name?)

본인의 성명을 알려주시겠습니까?
(본인의 성명은 무엇입니까?)
(본인의 성명을 말씀해주시겠습니까?)

..........................................................................................................

🎧 **I am calling about an order I placed for the book entitled *The First Martyr*.**

저는 *The First Martyr*라는 책을 주문했는데 주문에 대해 문의 드리고자 전화했습니다.

🎧 **Now ask the question.** | 20sec

Sample Answer

How may I help you?
(May I know your reason for contacting us?)
(How can I be of service?)

무엇을 도와드릴까요?
(어떤 일로 전화 주셨는지 여쭤봐도 될까요?)
(제가 어떻게 도와드리면 될까요?)

---

🎧 **I ordered it last Friday, August 22nd.**
　　저는 지난 8월 22일 금요일에 그 책을 주문했습니다.

🎧 **Now ask the question.** | 20sec

Sample Answer

When did you order the product?
(Could you tell me the date of your purchase?)

제품을 언제 주문하셨어요?
(구매하신 날짜를 알려주시겠어요?)

---

🎧 **I ordered thirty-five copies.**
　　35권을 주문했습니다.

🎧 **Now ask the question.** | 20sec

Sample Answer

How many copies did you order?
(Could you tell me how many copies you ordered?)
(May I know the number of copies you ordered?)

몇 권 주문하셨어요?
(몇 권 주문하셨는지 말씀해주시겠어요?)
(몇 권 주문하셨는지 알아도 될까요?)

🎧 Yes, I have the invoice number.

네, 청구서 번호를 갖고 있습니다.

🎧 Now ask the question.  | 20sec

Sample Answer

Do you have the invoice number?

(Is the invoice number with you?)

(Do you know the invoice number?)

청구서 번호를 갖고 계신가요?

(청구서 번호는 있으신가요?)

(청구서 번호 알고 계신가요?)

---

🎧 The invoice number is 0-0-9-8-0-8-1-4-6.

청구서 번호는 0-0-9-8-0-8-1-4-6입니다.

🎧 Now ask the question.  | 20sec

Sample Answer

May I have the invoice number, please?

(What is the invoice number?)

(Could you tell me the invoice number?)

청구서 번호 좀 받아도 될까요?

(청구서 번호가 무엇인가요?)

(청구서 번호를 알려주시겠어요?)

---

🎧 I would like it mailed to Kolla Hall #405, University of Pensacola, Pensacola, Florida 32504.

플로리다주 펜사콜라시 펜사콜라대학교 콜라 홀 405호로 주문을 배송해주세요. 우편번호는 32504입니다.

🎧 Now ask the question.  | 20sec

Sample Answer

Where would you like the order to be mailed to?

(Where do you want the order to be mailed to?)

어디로 주문을 배송해드릴까요?

(어디로 주문을 배송 받기를 원하십니까?)

🎧 **You may address the delivery to Dr. Theodore Compton, Professor of Literature, English Department, University of Pensacola.**

펜사콜라대학교 영문학과 문학 교수 Theodore Compton 박사 앞으로 배송해주시면 됩니다.

🎧 Now ask the question.  | 20sec

Sample Answer

To whom should we address the delivery?
(Who is the addressee?)

누구 앞으로 배송을 해드릴까요?
(배송 받으실 분은 누구인가요?)

🎧 **Actually, I will be using the books in my Literature class.**

사실, 저는 문학 시간에 그 책들을 사용할 거예요.

🎧 Now ask the question.  | 20sec

Sample Answer

Where will the books be used?
(For what will you be using the books?)
(Who will be using the books?)

책들은 어디서 사용하실 건가요?
(책들은 어떤 목적으로 사용하실 건가요?)
(책들은 누가 사용할 건가요?)

🎧 **Really? I was not aware that professors are entitled to a five percent discount.**

정말이요? 저는 교수들에게 5 % 할인 자격이 주어진다는 것을 몰랐습니다.

🎧 Now ask the question.  | 20sec

Did you know that professors are entitled to a five percent discount?
(Did you know that we offer a five percent discount to professors?)
(Are you aware that a five percent discount is given to professors?)

교수님들에게는 5% 할인 자격이 부여된다는 사실을 아시나요?
(저희가 교수님들에게 5% 할인권을 제공한다는 사실에 대해 아시나요?)
(교수님들에게 5% 할인 자격이 주어진다는 사실은 인지하시고 계신가요?)

🎧 **Please send it through a courier.**

택배로 보내주세요.

🎧 **Now ask the question.** ㅣ20sec

Sample Answer

How would you like us to send the package?
(How would you like the package to be sent?)

물품을 어떻게 보내드리면 좋으시겠습니까?
(물품을 어떻게 보내드리기를 원하시나요?)

---

🎧 **Yes, I will let you know as soon as I receive the shipment. Thank you.**

네, 물품을 배송 받자마자 알려드리겠습니다.

🎧 **Now ask the question.** ㅣ20sec

Sample Answer

Could you please let us know once you receive the shipment?
(Will you please inform us once you receive the shipment?)

물품을 배송 받으시면 연락 주시겠어요?
(물품을 전달받으시면 알려주시겠어요?)

# PART 2
# Analyzing a Graph

🎧 **Directions:** Look at the graph below. In a moment, you will describe the graph in detail. You will have 30 seconds to think about your description. Then you will have one minute to speak.

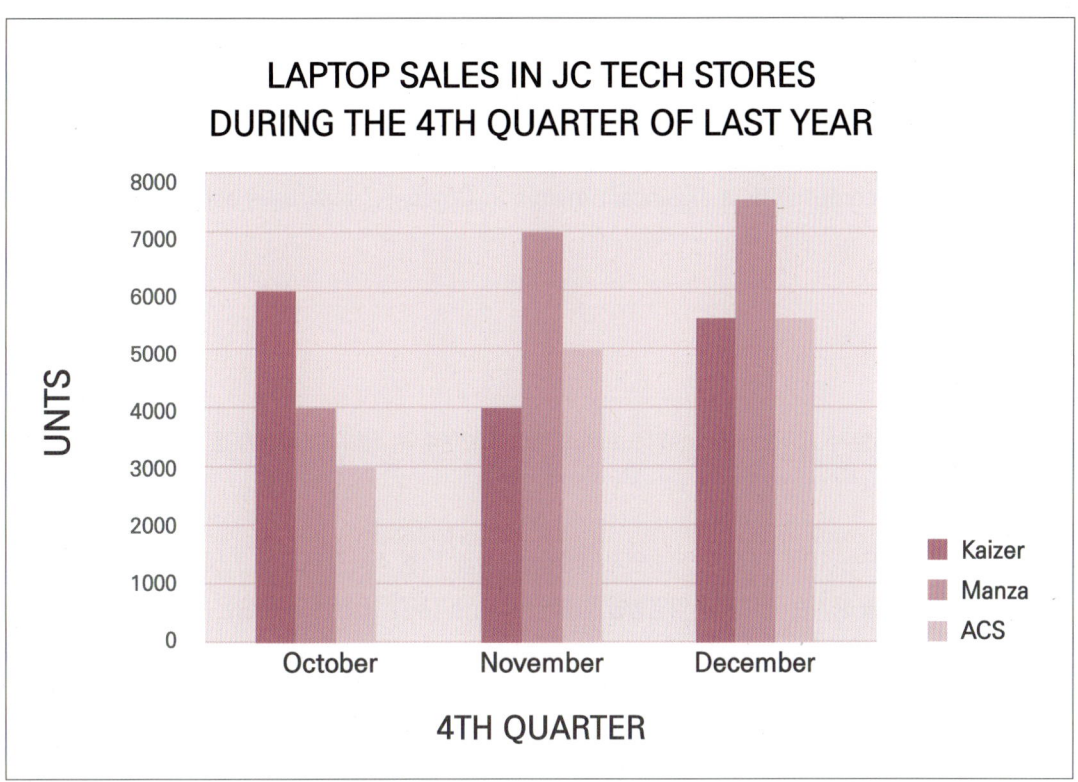

🎧 **Now think about your answer.** | 30sec

**Preparation for your answer**

## ⬇ Now begin your description.  | 1min

**Sample Answer**

This graph shows laptop sales in JC Tech stores during the fourth quarter of last year and it displays sales figures for the Kaizer, Manza and ACS brands.

Most noticeably, the graph shows that Manza sales jumped from 4,000 in October to 7,000 and 7,500 in November and December, respectively. Manza's increased sales adversely affected Kaizer's. Because Kaizer sold by far the most?6,000?in October, it was likely targeted for competition by Manza. The company may have made a strategic effort to undercut Kaizer's prices. Kaizer's sales dipped to 4,000 in November, and trailed Manza by 3,000 in November and by 2,000 in December.

Lastly, ACS steadily increased its sales over the fourth quarter. Though ACS sold just 3,000 units in October, it sold 5,000 and 5,500 in November and December, respectively. This means that ACS? the least popular company by a significant margin in October ? may have achieved more brand awareness.

---

**해석**

이 그래프는 지난해 4분기 JC Tech Stores의 노트북 판매량을 보여주며, 카이저, 만자, ACS 브랜드의 판매 수치를 나타냅니다.

가장 눈에 띄게 그래프는 10월 4,000개였던 만자 매출이 11월과 12월 각각 7,000개, 7,500개로 급증했음을 보여줍니다. 만자의 매출 증가는 카이저에 악영향을 미쳤습니다. 카이저가 10월에 가장 많은 6,000대를 팔았기 때문에, 만자의 경쟁 표적이 되었을 가능성이 높습니다. 그 회사는 카이저 가격보다 저가로 판매하는 전략적인 노력을 했을지도 모릅니다. 11월에는 카이저 매출이 4,000대로 떨어졌고, 11월에는 만자 보다 무려 3,000대, 12월에는 2,000대 뒤떨어졌습니다.

마지막으로 ACS는 4분기 동안 꾸준히 매출을 늘렸습니다. ACS는 10월 3,000대 판매에 그쳤지만, 11월과 12월 각각 5,000대와 5,500대를 판매했습니다. 이는 10월에는 상당한 차이로 가장 인기 없던 회사인 ACS가 더 많은 브랜드 인지도를 달성했을 수도 있다는 것을 의미합니다.

# PART 3
# Responding to a Simple Question

🎧 **Directions:** Listen to the following question. You will have 30 seconds to think about your answer and one minute to speak. Give as much detail as possible. Now listen to the question.

🎧 Studies have shown that people who exercise regularly are more productive at work. Do you agree with this finding? Why or why not?

................................................................................................................

연구결과는 규칙적으로 운동하는 사람들이 직장에서 더 생산적이라는 것을 보여주고 있습니다. 그 이유는 무엇입니까?

🎧 **Now think about your answer.**   I 30sec

---

**Preparation for your answer**

Sample Answer

I agree that people who exercise regularly are more productive at work. First, engaging in regular exercise instills discipline in a person. If a person exercises on a regular basis, he/she is developing a level of discipline that is necessary for other areas of his/her life, including work. For instance, exercising even when he/she doesn't feel like it will later on translate to starting and finishing a work project regardless of setbacks or his/her moods.

Second, exercising boosts a person's stamina, and will therefore allow him/her to meet the physical demands of a job, such as walking, typing, and filing, for a longer period of time. Given this fact, a person who exercises regularly can finish tasks without easily getting tired or exhausted.

Finally, exercising regularly improves a person's state of mind, which helps to make stress at work a lot easier to handle. Being able to deal with stress from deadlines and heavy workloads will also lead to healthier relationships with co-workers, which will in turn lead to more productivity.

해석

저는 규칙적으로 운동하는 사람들이 직장에서 더 생산적이라는 것에 동의합니다. 우선, 사람이 규칙적인 운동을 하면 자신을 수양하게 됩니다. 규칙적인 운동을 하면 자신의 직업을 포함하여 삶의 다른 영역에서도 필요한 수준의 수양을 하게 됩니다. 예를 들어, 기분이 내키지 않을 때에도 운동을 하면 나중에 차질이나 기분에 상관없이 프로젝트 작업을 시작하고 마무리하는 행동으로 이어지게 됩니다.

둘째, 운동은 사람의 체력을 향상시켜주고, 따라서 걷기, 타자, 서류 정리와 같은 일의 신체적 요구를 더 오랫동안 충족시켜 줄 것입니다. 이러한 사실을 감안할 때, 규칙적으로 운동하는 사람은 쉽게 피곤해지거나 지치지 않고 작업을 완수할 수 있습니다.

마지막으로, 규칙적인 운동을 하면 사람의 정신 상태가 개선되어 직장 스트레스를 관리하는 데에 더욱 도움이 됩니다. 마감일과 무거운 업무량으로 인한 스트레스를 관리할 수 있게 되면 직장동료들과도 더 건강한 관계를 유지하게 되어 생산성이 향상됩니다.

# PART 4
# Relaying Telephone Messages

**Directions:** Listen to the following telephone conversation. Afterwards, you must report the telephone conversation to the appropriate person. You will have 30 seconds to think about the conversation, and one minute to relay the message. Now listen to the telephone conversation.

**M:** Good morning. Could I speak with Mr. Roberts please?

안녕하세요. 로버츠씨과 통화해도 될까요?

**F :** Good morning. May I ask who is calling?

안녕하세요. 누구시죠?

**M:** This is Frank Camden from Plastics, International.

네, 저는 Plastics, International의 프랭크 캠던입니다.

**F :** I am sorry Mr. Camden. Mr. Roberts is not in the office right now. Would you like to leave a message?

캠던씨, 죄송하지만 로버츠씨는 지금 자리에 안 계십니다. 메시지를 남기시겠습니까?

**M:** Yes. Please tell Mr. Roberts that our company is willing to lower our initial offer to $750 per ton.

네. 우리 회사가 초기 제안 단가를 톤 당 750달러로 낮춰드릴 수 있다고 로버츠씨께 전해주세요.

**F :** Will that be all?

그것만 전해드리면 되나요?

**M:** We would also like to know if he could give us more time to make the delivery.

저희가 납품 기한 연기를 요청한다고도 전해주세요.

**F :** Okay. And, how much more time will you need?

알겠습니다. 그럼 시간이 얼마 정도 더 필요하시지요?

**M:** Tell him we need five more days. The merchandise will be coming from Johannesburg and not from Tokyo as we previously discussed.

5일이 더 필요하다고 전해주세요. 앞서 논의한 것처럼 도쿄가 아닌 요하네스버그에서 물품이 오기 때문입니다.

**F :** Okay, I got it. I will give your message to him as soon as he arrives. Is there anything else, Mr. Camden?

네, 이해했습니다. 로버츠씨가 도착하는 대로 당신의 메시지를 전해드리겠습니다. 혹시 다른 사항은 없으신가요, 캠던씨?

**M:** I almost forgot. Please inform Mr. Roberts that he can deposit the 45% down payment to the International Merchant's Bank under the account name Plastics, International. That is all. Thank you!

아, 깜빡 잊을 뻔 했네요. 로버츠씨께 45% 선금은 International Merchant's Bank의 Plastics, International 계좌로 입금해주시면 된다고도 전해주세요. 그게 다입니다. 감사합니다.

**F :** You're welcome. Thank you for calling.

천만에요. 전화 주셔서 감사합니다.

🎧 **Now think about your answer.**　 I 30sec

**Preparation for your answer**

🎧 **Now tell Mr. Roberts the caller's message. Be sure to include all of the important information.** ㅣ 1min

이제 로버츠씨에게 전화 건 사람의 메시지를 전달하십시오. 중요한 정보를 모두 포함하도록 합니다.

**Sample Answer**

Good day, Mr. Roberts. A Frank Camden called regarding some changes to an arrangement you made with his company Plastics, International.

Mr. Camden said that their company is willing to lower their initial offer to $750 per ton. He would also like to ask for an extension on the previously set delivery date. He specifically requested an additional five-day allowance to complete the delivery because the merchandise will be shipped from Johannesburg instead of Tokyo like originally planned.

Lastly, Mr. Camden mentioned that the 45% down payment may be deposited into the International Merchant's Bank and that the payment should be made into the account name Plastics, International. That is all, thank you!

**해석**

안녕하세요, 로버츠씨. 프랭크 캠던이라는 분이 자신의 회사 Plastics, International과 로버츠씨가 협의한 건에 대해 변동사항 몇 가지가 생겼다고 전화했습니다.

캠던씨는 Plastics, International이 초기 제안 단가를 톤 당 750달러로 낮춰드리겠다고 얘기했습니다. 그리고 이전에 합의한 납품 기한을 연기해달라고 요청했습니다. 물품이 원래 계획됐던 도쿄 대신 요하네스 버그에서 발송될 예정이기 때문에, 그가 납품 기한의 5일 연장을 특별히 요청했습니다.

마지막으로, 캠던씨는 45% 선금은 International Merchant's Bank로 입금이 가능하며 Plastics, International 명의의 계좌로 해달라고 했습니다. 그것이 전부입니다. 감사합니다.

# PART 5
# Responding to a Work-Related Question I

🎧 **Directions:** Listen to the following question. You will have 30 seconds to think about your answer and one minute to speak. Answer the question in as much detail as possible. Now listen to the question.

🎧 Tell me about the most difficult business decision you have made so far.   What made it difficult? Explain your answer in as much detail as possible.

.......................................................................................................................

본인이 지금까지 내린 가장 어려운 사업적 결정에 대해 말해주십시오. 무엇 때문에 그 결정이 어려웠습니까? 답변을 최대한 자세하게 설명하십시오.

🎧 **Now think about your answer.**   I 30sec

> **Preparation for your answer**
>
>

🎧 **Now answer the question.**   I 1min

**Sample Answer**

The most difficult business decision I have ever made so far was choosing whether I should merge with another company that could have potentially preserved my business. It happened six years ago when my company was struggling to find a place in the digital market.

I had a really hard time making the decision then because the other company had made a generous offer of almost a million dollars. It was really tempting to accept it back then given the status of my company. However, it demanded a huge risk on my part. If something bad happened to that potential partner company, like bankruptcy, it would be even harder for my company to recover. I could not afford to lose my business.

In the end, I turned down the offer and continued to venture on my own, which turned out to be the better choice. That potential partnering firm declared bankruptcy only months later. Perhaps if I had signed the deal back then, my company would have had to file for bankruptcy as well.

........................................................................................................................................

**해석**

제가 지금까지 내린 가장 어려운 사업적 결정은 저의 사업체을 보존할 수 있는 다른 회사와 합병을 해야 하는지의 여부를 선택하는 었습니다. 이는 6년 전 저의 회사가 디지털 시장에서 자리를 찾는 데 어려움을 겪고 있었을 때의 일이었습니다.

다른 회사가 백만 달러에 가까이 달하는 관대한 제안을 했기 때문에 저는 결정을 내리는 데 정말로 어려움을 겪었습니다. 당시 저의 회사의 실정을 감안했을 때 저는 그 제안을 정말 받아들이고 싶었습니다. 그러나 그것은 제 입장에서 큰 위험을 요구했습니다. 파트너 후보사에 파산처럼 안 좋은 일이라도 생길 경우, 저의 회사는 회복하기가 그 만큼 어려워졌을 것입니다. 저는 제 사업체를 잃을 준비가 되지 않았습니다.

결국 저는 제안을 거절하고 스스로 모험을 계속했고, 그것이 더 나은 선택으로 판명되었습니다. 왜냐하면 그 파트너 후보사는 불과 몇 달 후에 파산을 선언했습니다. 당시에 제가 계약을 체결했더라면, 저의 회사도 아마 파산을 신청해야 했을 것입니다.

# PART 6
# Responding to a Work-Related Question II

🎧 **Directions:** Listen to the following question. You will have 30 seconds to think about your answer and one minute to speak. Give as much detail as possible. Now listen to the question.

🎧 In your opinion, what is the most important thing to consider in setting up a business? Why do you think it is important? Explain your answer in as much detail as possible.

본인의 견해로는 사업을 시작할 때 고려해야 할 가장 중요한 요소는 무엇입니까? 왜 그 요소가 중요하다고 생각합니까? 가능한 많은 세부사항을 포함하여 질문에 답하십시오.

🎧 **Now think about your answer.**  | 30sec

| Preparation for your answer |
| --- |
|  |

## 🎧 Now answer the question.    | 1min

**Sample Answer**

In my opinion, the most important thing to consider when setting up a business is coming up with a contingency plan. Although many people may see this as a low priority, one should prepare for any unforeseen problems and setbacks that could greatly affect the start-up company in the future.

With a wisely crafted contingency plan, a business owner is able to assess the business's strengths and weaknesses, predict the highs and lows in the business's overall sales, and possibly address all possible issues before they even happen—be it an unexpected pullout from investors, an unanticipated number of workers that resign, or even a sudden fluctuation in the business's revenue.

Overall, coming up with a contingency plan would certainly help a business survive in the long run, no matter what the situation is, and would therefore help keep the business running smoothly.

- - - - - - - - - - - - - - - - - - - - - - - - - - - - - - - - - - - - - - - - - - - - - - -

**해석**

저의 견해로는 사업을 시작할 때 고려해야 할 가장 중요한 요소는 사전 대책을 세우는 일입니다. 많은 사람들이 이것을 우선 순위가 낮은 일로 여길 수도 있지만, 장래에 신생업체에 큰 영향을 끼칠 수 있는 예기치 못한 문제와 차질에 대비해야 합니다.

현명하게 준비된 사전 대책을 통해 사업주는 사업체의 강점과 약점을 평가하고, 전체 매출의 최고점과 최저점을 예측하고, 투자자 철수, 예상보다 많은 직원 사직이나 매출의 급격한 변동과 같은 돌발상황이 일어나기도 전에 미리 짚고 넘어갈 수도 있습니다.

전반적으로, 사전 대책을 세우면 어떤 상황이 발생해도 사업체가 장기적으로 생존하는 데 도움이 될 것이고, 따라서 사업을 원활하게 운영하는 데에 도움이 될 것 입니다.

# PART 7
# Role-Playing

🎧 **Directions:** Imagine that an economics student from a local university has come to your business to interview you about your company. Answer the student's questions as best as you can. You will have 25 seconds to answer each question.

🎧 **Thank you for allowing me to interview you for my economics class. My name is Jamie Wallace. I'm an economics major at South Central Junior College. I'll be recording your answers. Please begin by telling me your name, your company's name, and your position in the company.** | 25sec

경제학 수업을 위해 제가 귀하를 인터뷰할 수 있게 해주셔서 감사합니다. 제 이름은 제이미 월러스이고 저는 사우스센드럴전문대학에서 경제학을 전공하고 있습니다. 귀하의 답변은 제가 녹음할 것입니다. 먼저 귀하의 이름, 회사명 및 직급을 말씀해주십시오. | 25초

**Sample Answer**

Hello, I'm pleased to meet you Jamie. My name is Sam Park, and I am the founder of a startup business named All Go Online. Presently, I'm working as the manager of the company.

**해석**

안녕하세요, 제이미씨, 만나서 반갑습니다. 제 이름은 Sam Park이고 저는 All Go Online이라는 신생업체의 창업자입니다. 현재 저는 회사의 관리자로 일하고 있습니다.

🎧 **Thank you. Could you please tell me what kind of goods or services your company offers?** | 25sec

감사합니다. 귀사에서 제공하는 제품 또는 서비스가 무엇인지 알려주시겠습니까? | 25초

**Sample Answer**

Our company is an online shopping website, so we offer a wide variety of goods. We sell non-perishable foods, home appliances, electronic gadgets, fashion and health care items, vehicle equipment, and even industrial materials. Besides that, we also offer hotel deals and food discounts in different locations.

해석

저희 회사는 온라인 쇼핑 사이트라서 다양한 상품을 제공합니다. 저희는 보존식품, 가전제품, 전자기기, 패션 및 건강관리 제품, 차량 장비와 심지어 산업자재도 판매합니다. 그 외에도 다양한 지역에서 호텔 숙박권과 외식 할인권을 제공합니다.

---

That's interesting. Next, in your opinion, what can your business do to improve its revenue? | 25sec

흥미롭군요. 다음으로, 귀하의 견해로는 매출을 늘리기 위해 귀사가 할 수 있는 일이 무엇입니까? | 25초

Sample Answer

Well, given the nature of our business, our consumer base is limited to people who have access to the internet and the website. Because of this, our revenue also becomes limited. I think we can greatly improve the business's revenue by setting up a physical store. This will expand our market and give us a larger customer base.

해석

글쎄요, 우리 업계 특성 상 저희 고객은 인터넷과 저희 홈페이지에 접속할 수 있는 분들로 제한이 됩니다. 매출도 이로 인해 제한이 됩니다. 저희 회사가 오프라인 매장을 열어 회사의 매출을 크게 늘릴 수 있다고 저는 생각합니다. 이것은 우리의 시장을 확장시키고 더 큰 고객층을 형성할 것입니다.

---

That makes sense. And what about your competitors, what sets your company apart from them? | 25sec

일리가 있는 것 같습니다. 그럼 경쟁사에 비해 귀사는 어떻게 차별화가 되어있나요? | 25초

Sample Answer

Oh, that's a really good question. Actually, our company is a customer-centered organization, so I think that's what sets us apart from our competitors. Because we truly value the relationship we have with our customers, we do not only send out freebies and discount coupons, we also make sure that all transactions are done quickly and hassle-free for the customers, even after they receive their purchased items. Lastly, we address complaints and concerns promptly and politely, if there are any.

아, 훌륭한 질문입니다. 실제로 우리 회사는 고객을 중심으로 하는 조직이고 이 점이 저희가 경쟁사와 차별화되는 요소라고 생각 합니다. 우리는 진정으로 고객과의 관계를 소중히 여기기 때문에, 고객에게 사은품과 할인 쿠폰을 발송해줄뿐만 아니라 고객이 구매한 상품을 받은 후에까지도 모든 거래가 신속하고 번거롭지 않게 이루어지고 있는지를 확인하고 있습니다. 마지막으로, 불만사항과 우려사항이 발생할 경우 저희는 이것들을 신속하고 정중하게 처리하고 있습니다.

**Excellent! Every company has challenges, or difficulties, to overcome. What was your company's biggest challenge last year, and how did you overcome it?** | 25sec

훌륭합니다! 어느 회사나 극복해야 할 도전이나 어려움이 있기 마련인데요. 귀사가 작년에 겪은 가장 큰 도전은 무엇이었으며 이를 어떻게 극복하였나요? | 25초

**Sample Answer**

For us, the fluctuating inflation rate was probably the biggest challenge that our company had to overcome last year. The unstable inflation rate forced us, and the sellers, to dramatically increase the prices of our products. As a response, consumers visited the website less frequently because the prices were too high to afford, and this caused a significant drop in our revenue. However, our whole team was confident that we could bring back the lost revenue by just waiting for the inflation to stabilize. When it did, not only were we able to bring back the low prices, we also gained a lot of new customers compared to our previous years of business.

물가 상승율의 변동이 작년에 우리 회사가 극복해야 했던 가장 큰 도전이었을 겁니다. 불안정한 물가 상승율로 인해 우리와 판매자는 제품 가격을 급격히 상승시킬 수 밖에 없었습니다. 이에 대한 반응으로, 가격이 너무 비싸서 소비자들은 저희 사이트를 덜 자주 방문하게 되었고, 이로 인해 저희의 매출은 크게 감소했습니다. 하지만 물가 상승률이 안정될 때까지 기다리면 손실한 매출을 되찾을 수 있을 것이라고 우리 팀 전원은 확신했습니다. 그리고 그렇게 됐을 때, 우리는 저렴한 가격을 복원할 수 있었을뿐만 아니라 예년에 비해 많은 신규 고객들을 확보했습니다.

🎧 **What important business advice can you give to me and my classmates?** | 25sec

저와 저희 반친구들에게 어떤 중요한 사업 조언을 해주실 수 있나요? | 25초

**Sample Answer**

Well, I suggest that you patiently wait for results after every decision you make for your business. Whether it's a startup or a long-standing business, it is better not to rush your actions and get mediocre outcomes in the end. If you fail to reach your goals, then learn from your mistakes. Plan your strategy again and execute your actions better the next time around. Eventually, all your hard work will pay off and you will reap the fruits of your labor.

**해석**

글쎄요, 저는 본인이 자신의 사업에 대한 모든 결정을 한 후에 침착하게 결과를 기다릴 것을 제의합니다. 신생 업체이든 기존 업체이든, 행동을 서둘렀다가 나중에 어설픈 결과를 얻지 않는 것이 좋습니다. 그리고 자신이 목표에 도달하지 못했다면, 자신의 실수로부터 배우세요. 전략을 다시 계획한 후 다음에는 행동을 더 잘 실행하도록 하고요. 결국, 자신의 모든 노력은 결국 빛을 보게 될 것이고, 본인은 자신이 해온 일에 대한 수확을 거두게 될 것입니다.

🎧 **Great! Thank you for taking the time out of your busy day for this interview. You've been very helpful. Oh, and one last question, would it be possible for me to get a list of the email addresses of your employees from the secretary?** | 25 sec

알겠습니다! 바쁜 하루 중에도 이 인터뷰에 시간을 내주셔서 감사합니다. 큰 도움이 되었습니다. 아, 그리고 마지막 질문이 하나 있는데요, 혹시 비서로부터 귀사 직원의 이메일 주소가 담긴 목록을 받을 수 있을까요? | 25초

**Sample Answer**

Sure, no problem! I'll give you her number after this interview.

**해석**

네, 문제 없습니다! 이 인터뷰를 마치고 그녀의 전화번호를 드리지요.

🎧 Thank you so much. I have learned a lot from you.
정말 감사합니다. 당신으로부터 많은 것을 배웠습니다.

# PART 8

# Defining and Using a Business Term in a Sentence

🎧 **Directions:** Choose one word from the list below.

First, DEFINE the word.
Second, STATE whether the word is used as a noun, a verb, an adjective, or an adverb.
Third, USE the word correctly in a sentence.

You will have 30 seconds to think about your answer, and 90 seconds to speak. An *example has been done for you.

| | | | | |
|---|---|---|---|---|
| industry | productive | profit | invest | speculate |
| 산업 | 생산적인 | 이윤 | 투자하다 | 투기하다 |

🎧 *Example: Defining, Stating, and Using the word "supply"*

– **DEFINITION:** "Supply means an amount of something."
– **DESCRIBE:** "In this sense, the word supply is a noun."
– **EXAMPLE:** "The supply of oil in the world is low."

🎧 **Now think about your answer.** | 30sec

**Preparation for your answer**

🎧 Now choose a word, define it, state it, and use it. You have 90 seconds.

Sample Answer

The word I choose is "invest."

"Invest" means to put money into something with the hope or expectation of making a profit. In this sense, one has successfully invested when he or she had put a certain amount of his or her money into something that resulted in gaining back more money than given.

"Invest" is a verb.

Here is how to use "invest" in a sentence: *Five years ago, my friend Carlo invested a thousand dollars in the stocks of a known company in the U.S. and then another thousand dollars in a mutual fund. As of today, only the mutual fund investment has yielded a positive result, with a total capital gain of almost five hundred dollars.*

해석

제가 선택한 단어는 '투자'입니다.

'투자'는 이윤을 낼 희망이나 기대를 가지고 어떤 것에 돈을 넣는 것을 의미합니다. 이런 의미에서, 주어진 돈보다 더 많은 돈을 돌려받는 결과를 초래한 어떤 것에 일정 금액을 두었을 때 성공적으로 투자했다고 합니다.

'투자'는 동사입니다.

문장에서 '투자'를 응용하려면: *5년 전, 제 친구 카를로는 미국의 유명 회사의 주식에 천달러를 투자했고, 그 다음 뮤추얼 펀드에 천달러를 또 투자했습니다. 오늘 현재, 뮤추얼 펀드에 투자한 것만이 긍정적인 성과를 내고 있으며, 이에 대한 총 자본이익이 거의 500달러에 달합니다.*

# PART 9
# Giving Directions to a Destination

🎧 **Directions:** Imagine that your client has just arrived at the nearest subway station from your company. The client is going to call you to ask for directions. Give the client directions to your office from the subway station. You will have 30 seconds to think about your answer and one minute to give directions. Now, listen to the call from your client.

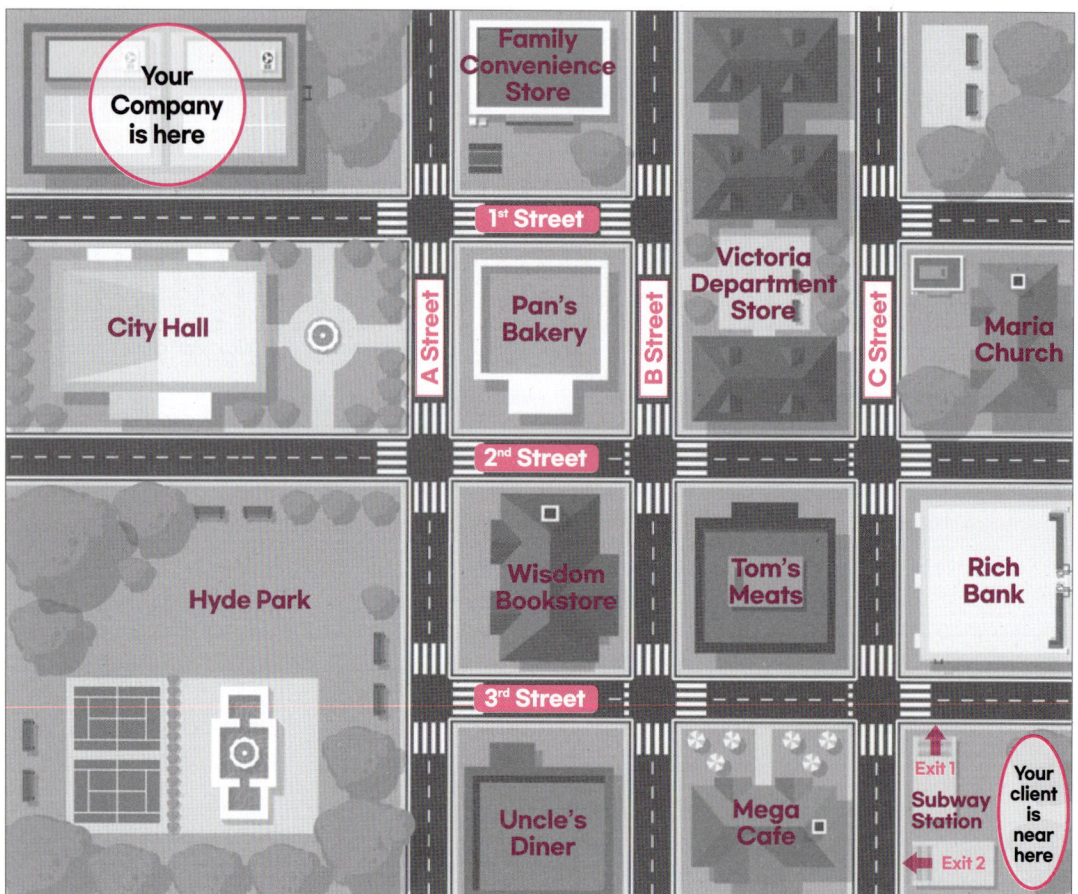

🎧 **[ringing]** Hello? I'm here at the subway station. How do I get to your office from here?

**[전화벨 소리]** 여보세요? 저는 지금 지하철역에 있습니다, 여기서 사무실까지 어떻게 가면 되지요?

🎧 **Now think about your answer.** I 30sec

**Preparation for your answer**

🎧 **Now give the caller directions.** I 1min

**Sample Answer**

Hello! Our office is in the building across the street from City Hall. Here's how to get here.

First, come out Exit 1 from the subway station. Cross 3rd Street. Walk straight one block to the intersection of 2nd Street and C Street. You'll see Rich Bank to your right. Cross 2nd Street. You'll see Maria Church in front.

From there, turn left and cross C Street. Walk straight one block, then cross B Street. Walk straight another block, then cross A Street. You'll be in front of City Hall. Turn right and walk one block to the intersection of 1st Street and A Street.

Finally, cross 1st Street and you're at our building. It'll take you five to ten minutes to get here from the subway station. See you soon!

**해석**

여보세요! 저희 사무실은 시청 건너편에 있는 건물 안에 있습니다. 여기 오시는 길을 알려드리겠습니다.

먼저 지하철역에서 1번 출구로 나오십시오. 거기서 3번가를 건너십시오. 그 다음, 2번가와 C가의 교차로까지 한 블록 직진하십시오. 우측 편에 리치 은행이 보일 겁니다. 2번가를 건너십시오. 앞에 마리아 교회가 보일 겁니다.

거기서 좌회전하시어 C가를 건너십시오. 한 블록 직진하신 후, B가를 건너십시오. 또 한 블록 직진하신 후, A가를 건너십시오. 시청 앞에 있을 겁니다. 거기서 우회전하고 1번가와 A가의 교차로까지 한 블록 걸어오십시오.

마지막으로, 1번가를 건너오시면 저희 건물입니다. 지하철역에서 여기까지 오시는 데는 5~10분 정도 걸릴 겁니다. 곧 뵙겠습니다!

🎧 Thanks! I'll be there in a few minutes.
감사합니다! 몇 분 후에 뵙겠습니다.

# ART 10
# Suggesting an Option Based on Opinion

🎧 **Directions:** Listen to the following description. Then suggest how you should deal with the problem. You will have 30 seconds to think about your answer and one minute to speak. Now listen.

🎧 Imagine that the sales of one of the products your company is selling has been steadily declining. To increase sales, one of your colleagues proposes to reduce the price of the product, and to offer additional discounts for bulk purchases. Another colleague disagrees, and suggests that improving the product's quality and adding more useful features will help increase sales. Which one would you choose, and why would you choose that option?

........................................................................................................

본인의 회사에서 판매하는 제품 중 하나의 판매 실적이 꾸준히 감소하고 있다고 가정하십시오. 판매량을 늘리기 위해 동료 중 한 명이 제품의 가격을 낮추고 대량구매에 대한 추가 할인을 해주자고 제안합니다. 또 다른 동료 한 명은 이 제안에 반대하며, 제품의 품질을 개선하고 더 유용한 기능을 추가하는 것이 매출 증대에 도움이 될 것이라고 제안합니다. 당신은 어떤 것을 선택하겠는가? 그 옵션을 선택한 이유는 무엇인가?

🎧 **Now think about your answer.** ㅣ30sec

**Preparation for your answer**

🎧 **Now answer the question.** ㅣ1min

**Sample Answer**

To increase the sales of the low-selling product, I would follow the suggestion to improve the product's quality and introduce more features. In the era of a competitive market, it is important that our product be able to keep up with the changing interests and behavior of consumers. This means that product upgrades are always necessary since consumers tend to buy products that are newer and more updated.

Throwing in freebies and additional discounts may temporarily help increase the sales of a low-selling product, but it's only a matter of time before the product faces its inevitable end once more. If I really want the product to sell well, I would have to improve its quality, even at a high cost, rather than waste resources on a product that would not yield high sales in the future. I believe that when we improve the product's quality, the once poor-selling product will eventually be on top of the competition.

---

**해석**

저는 판매 실적이 떨어지는 제품의 판매량을 늘리기 위해, 제품의 품질을 개선하고 더 많은 기능을 추가하는 제안을 따르겠습니다. 이 경쟁이 치열한 시대에, 우리 제품이 소비자의 변화하는 관심과 행동에 발맞출 수 있는 것이 중요합니다. 이는 소비자들이 더 새롭고 더 최신화된 제품을 구매하는 경향이 있기 때문에 항상 제품 업그레이드가 필요하다는 것을 의미합니다.

고객에게 공짜 사은품을 던져주고 추가 할인을 해주는 행위는 판매량이 낮은 제품의 판매 실적을 일시적으로 향상시키는 데는 도움이 될 수도 있겠지만, 그렇게 하면 그 제품이 다시 한 번 불가피한 끝을 만나기까지는 시간 문제일뿐입니다. 만약 제가 그 제품이 잘 팔리기를 진정으로 원한다면, 저는 미래에 높은 판매량을 달성하지 못할 제품에 자원을 낭비하기보다는 높은 비용이 들어갈지 언정 제품의 품질을 개선해야 됩니다. 우리가 그 제품의 품질을 개선하면 그 한때 안 팔리던 제품이 결국 경쟁에서 1위를 차지할 것으로 믿습니다.

# PART 11
# Proposing a Solution to a Problem

🎧 **Directions:** Listen to the following situation. Then explain how you would solve the problem associated with the situation. Answer in as much detail as possible. You will have 30 seconds to think about your answer and one minute to speak. Now listen.

🎧 Suppose you discovered that a product your company has on the market has a fatal malfunction. You tell the board of directors about the problem and suggest that the product be recalled. However, they tell you to keep quiet about the malfunction. They are afraid that the company's reputation will be destroyed if the public found out about it, and that the company would have to close down. What would you do in such a situation? Explain your answer in as much detail as possible.

당신의 회사에서 출시한 제품이 치명적인 오작동을 일으킨다는 사실을 당신이 인지했다고 가정하십시오. 당신은 이사회에 이 문제에 대해 알리고 제품을 회수할 것을 제안합니다. 그러나 이사회는 제품의 오작동에 대해 암묵 하라고 당신에게 지시합니다. 그들은 대중이 이 사실에 대해 알게 되면 기업의 명성이 무너지고 회사가 문을 닫아야 할지도 모르는 가능성을 두려워하고 있습니다. 이런 상황에서 당신은 무엇을 하겠습니까? 가능한 많은 세부사항을 포함하여 답변하십시오.

🎧 **Now think about your answer.** | 30sec

**Preparation for your answer**

**Sample Answer**

If I were in this situation, I would convince the board of directors to recall all of our released products from the market as soon as possible. I believe that the company should acknowledge the fatal malfunction of the product to prevent lethal harm to consumers and save the company from being held responsible for causing potential or actual deaths. I would also encourage the board to immediately issue a public announcement regarding the product's flaws and apologize to everyone who might be endangered by the product's malfunction. After all, the consumers deserve to know the truth behind this unforeseen failure of the product.

Although the announcement would leave a mark on the reputation of the company, I would assure the board of directors that it will only be temporary. Eventually, we would be able to regain the trust of the consumers by putting their safety above our profits, which would actually enhance the company's reputation in the long run.

**해석**

제가 이 상황에 처했을 경우, 이사회가 회사의 출시된 모든 제품을 가능한 빨리 시장에서 회수하도록 설득하겠습니다. 제품의 치명적인 오작동을 인정함으로써 회사는 소비자에게 치명적인 해를 예방해야 하며, 회사가 잠재적 또는 실제 사망에 대한 책임을 져야하는 하는 일이 없어야 한다고 저는 봅니다. 또한, 저는 이사회가 제품의 오작동에 대해 즉시 공개 발표를 하고 제품의 오작동으로 인해 위험에 처한 모든 사람에게 사과할 것을 권고하겠습니다. 결국 소비자들은 이 뜻밖의 제품 오작동에 관한 진실을 알아야 자격이 있습니다.

이런 발표는 기업의 명성에 타격을 입히겠지만, 저는 이사회에게 이것은 일시적인 일일뿐이라는 점을 확신시킬 것입니다. 결국에 우리는 소비자의 안전을 이익보다 우선시하여 고객의 신뢰를 되찾을 수 있을 것이고, 이는 장기적으로 실제로 회사의 명성을 높일 것입니다.

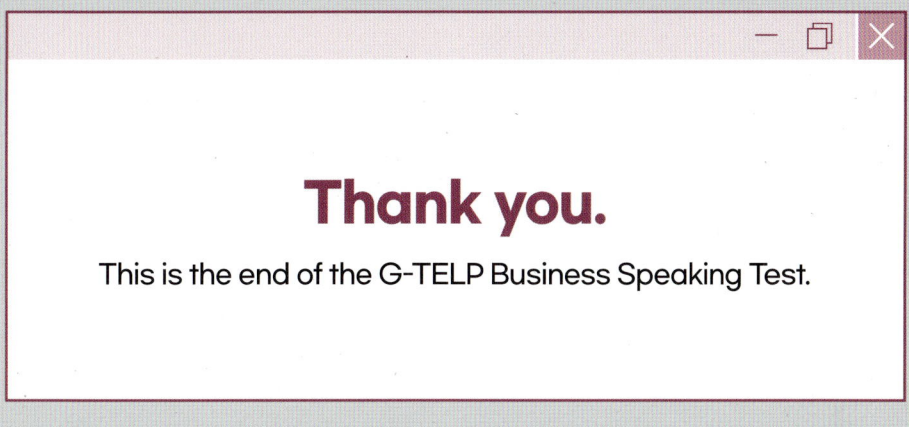

# Thank you.

This is the end of the G-TELP Business Speaking Test.

G-TELP